AGORA TUDO É tabu?

QoT

AGORA TUDO É
RACISMO?

Copyright © 2023 QoT
Este livro foi elaborado pela Astral Cultural em parceria com o QoT. Todos os direitos reservados à Astral Cultural e protegidos pela Lei 9.610, de 19.2.1998.

Editora Natália Ortega   **Editora de arte** Tâmizi Ribeiro
Edição de texto Leticia Nakamura
Produção editorial Ana Laura Padovan, Andressa Ciniciato Brendha Rodrigues e Esther Ferreira
Revisão Carlos César da Silva, Fernanda Costa e Rodrigo Lima
Revisão técnica Carla Bernava, doutora em Sociologia pelo Programa de Pós-Graduação em Sociologia da Universidade de São Paulo (USP)
Capa e projeto gráfico Nine editorial

Dados Internacionais de Catalogação na Publicação (CIP)
Angélica Ilácqua CRB-8/7057

Q36a	QoT
	Agora tudo é racismo? / QoT. — Bauru, SP : Astral Cultural, 2023.
	176 p. (Coleção Agora tudo é)
	ISBN 978-65-5566-335-8
	1. Racismo I. Título II. Série

23-6020   CDD 320.56

Índice para catálogo sistemático:
1. Racismo

BAURU
Rua Joaquim Anacleto
Bueno, 1-20
Jardim Contorno
CEP: 17047-281
Telefone: (14) 3879-3877

SÃO PAULO
Rua Augusta, 101
Sala 1812, 18º andar
Consolação
CEP: 01305-000
Telefone: (11) 3048-2900

E-mail: contato@astralcultural.com.br

AGORA É TUDO RACISMO?

Agora não.
Racismo sempre existiu.
Foi a branquitude que
normalizou as violências
contra pessoas negras como se
não fossem humanas.

PREFÁCIO

Falar sobre relações raciais no Brasil tem sempre as identidades do tempo. Cada época coloca uma roupa na forma como negros e brancos devem se relacionar e isso vem daquele momento no século e na história, em que esse mosaico de relações define o que de fato são as nossas relações e como queremos que elas sejam.

No período do tráfico, as relações raciais eram baseadas na propriedade, e a humanidade precisava ser colocada de lado para que o desenvolvimento econômico de Portugal fosse mantido. Essa causa maior justificava, para os olhos da época, essa renúncia aos valores humanistas que balizavam a cristandade. Mas a verdade é que, naquele momento, o tráfico era um sistema já testado e aprovado pela história humana, eles não inventaram esse modelo de barbárie em nome da manutenção de uma estrutura de poder.

Passando o olho sem muita atenção pela história, vemos que nomes como Ramsés, Herodes, Hitler e os escravistas das Américas tinham em seu pote de argumentos narrativas de defesa dos seus semelhantes. Compreender o padrão desses massacres nos ajuda a interpretar as fotografias das relações raciais de cada tempo.

Se no auge do tráfico era a potência da mercadoria, na era da escravização a relação caminhou mais para a força motriz de trabalho, que era a tecnologia da época, quando aparelhos e estruturas foram criados para garantir a manutenção dessas relações nos termos que fossem interessantes para as estruturas de poder à época. Com o avanço dos conceitos humanitários na Europa, por volta do século XVIII, a força bruta não garantia por si só a superioridade até então não questionada.

Neste momento, os conceitos de Eugenia, criado por Francis Galton, o âmbar-amarelo das políticas públicas que tem como base uma "ciência" que sustenta o que até então era mantido pelo direito "divino", eram instrumentalizações de elementos narrativos que têm como objetivo garantir a colocação de correntes literais e subjetivas nos "inferiores" para que não proclamem um levante em nome da equidade. Por outro lado, a velha e útil força bruta precisa estar disponível para a utilização como uma garantia segura da aplicação da "lei", mesmo que para isso secundarizem a justiça. As técnicas de Willie Lynch utilizadas em seus escravizados no Caribe, aliadas aos desenhos de pedagogia opressora dos comandos de Major Miguel Vidigal no Brasil, criam uma alquimia de domínio que transita caminhos do psicológico para o corpóreo em idas e vindas que atropelam a ancestralidade tantas vezes que o que resta é a rendição a uma espécie de radicalismo cristão com a esperança que ele convença os "senhores" que não são uns "negrinhos fujões".

Mas todo este texto apresentado até aqui é apenas um apanhado de fotos perdidas em álbuns incompletos para produzir uma história que — desde o decreto de Rui Barbosa em 1891, que determinava a destruição dos documentos relacionados à escravização — foi queimada.

QoT vem com uma coragem admirável, acompanhada de seu entendimento que lugar de fala não é somente calar para negros falarem, mas falar a partir de seus lugares e, com isso, gerar impactos a partir desse ponto de pressão. As páginas que seguem a partir daqui são documentos que serão lidos pelos nosso netos como uma iniciativa de traduzir o que era o Brasil de hoje e como tentávamos encontrar equilíbrio em um cenário em que minhas ideologias são escondidas em postagens e falsas notícias a fim de explodir as iniciativas e tentativas de criar relações mais humanas e equânimes entre negros e brancos.

A paz racial atual não interessa ao poder da branquitude, pois, se existir paz, não é possível alegar a necessidade de sua existência enquanto poder de defesa. Assim, a branquitude se alimenta da luta negra para ampliar seu arsenal de mecanismos racistas e vende para seus semelhantes essa necessidade. A paz racial hoje não interessa aos negros, pois seus termos têm entrelinhas de rendição dos que lutam por liberdade e anistia aos que cometeram barbáries, depois de séculos de negação, nos mais diversos pontos históricos de inflamações e hemorragias, como a Lei de Terra de 1850 — decisão legal que amputou gerações de um ponto de partida de igualdade de oportunidades.

Reparações dessa envergadura causariam rachaduras nos acordos sociais que sustentam, inclusive, nossa macroeconomia. O dinheiro é branco e deixá-lo negro é uma fronteira que precisa ser cruzada para que sejamos sérios nas mudanças estruturais. Existe um modelo econômico negro que não seja opressor como o vigente? Existe uma disposição para, de maneiras formais e informais, Comitês de Verdade e Reconciliação nos dias de hoje? Não faço ideia.

Encontrar acordos de cessar-fogo, tratados de paz, peculiaridades humanas e cálculos dos danos colaterais afetivos é o desafio. O sangue de opressor e oprimido corre na mesma veia de cada brasileiro e não sabemos como agir diante dessa realidade subjetiva que nos desafia diariamente. Negros e brancos terão de quebrar tabus para saber quando a luta que é coletiva tem aspirações individuais e conviver bem com isso, pois de nada vale a luta do coletivo se não for para atender aos anseios dos indivíduos.

Manoel Soares,
jornalista e embaixador da União Africana.

SUMÁRIO

PRECISAMOS FALAR SOBRE RACISMO 17

O RACISMO NÃO É UM PROBLEMA SÓ DOS NEGROS 51

O RACISMO NOSSO DE CADA DIA 73

O DEBATE SOBRE AS COTAS 107

SIM, É RACISMO! 141

1

PRECISAMOS FALAR SOBRE RACISMO

Por muito tempo, o racismo foi o grande elefante na sala do Brasil. Porém, sua discussão sempre esteve limitada aos movimentos negros, que sentiam na pele a opressão e, dia após dia, a denunciavam. Foi por meio desse enfrentamento ao longo da história que assassinatos como os de George Floyd e de João Alberto Freitas, ambos ocorridos em 2020, já não podiam mais ser ignorados, fazendo com que esse elefante passasse a incomodar cada vez mais pessoas, e o discurso "não basta não ser racista; é preciso ser antirracista" tenha ganhado sentido e força entre nós.

A indignação ante esses dois casos foi alimentada pelo fato de que foram filmados e compartilhados nas redes sociais, expondo a violência com que pessoas negras têm sido tratadas tanto pelo Estado quanto por instituições privadas desde a colonização do continente americano pelos europeus.

Mas a verdade é que pessoas negras sempre morreram aos montes. A cada 23 minutos, um jovem negro morre no Brasil, de acordo com o Mapa da Violência, levantamento feito pela Faculdade Latino-Americana de Ciências Sociais (Flacso). Ou seja, por dia, são 62 vidas tiradas pela negligência do Estado e da sociedade como um todo.

Ser negro no Brasil é competir uma maratona cotidiana contra os brancos, mas saindo muito atrás — quilômetros atrás. Os efeitos do racismo têm sido uma constante na vida da maioria da nossa população, ainda que haja quem se recuse a admitir a existência dele na sociedade.

Neste primeiro capítulo, vamos conhecer as raízes históricas do racismo, o que ele é e de quais formas foi sustentado ao longo de séculos. Afinal, é preciso saber o que o mantém para poder superá-lo.

Além disso, você vai conhecer as formas que a resistência da população negra vem tomando ao longo de mais de quatrocentos anos. Não são todas, afinal, não seria possível resumir quatro séculos de resistência em um único livro. Dos quilombos até a Coalizão Negra por Direitos, os movimentos negros tomaram tantas formas quanto foram necessárias não apenas para denunciar a existência e os efeitos do racismo, mas para fazer com que os seus sobrevivam. Lutar contra o racismo é defender a vida de milhões de brasileiros, uma vida que seja digna, plena e igual em oportunidades.

Como entender o racismo

Você já foi seguido por um segurança em uma loja? Já tomou enquadro da polícia sem nenhum motivo? Já ouviu "você é negra, mas é linda"? Com base na sua cor, foi acusado de um crime que não cometeu? Já perdeu uma vaga de emprego só porque não tinha "boa aparência"? Já tocaram no seu cabelo maravilhados com o exotismo? Já suspeitaram de você só porque exibia um objeto caro? Você tem medo de o alarme da loja apitar justamente quando você passa?

Se as respostas foram "sim", você foi alvo de racismo. Se as respostas foram "não", você é, provavelmente, parte do problema, ainda que não se considere racista — não basta não ser racista, é preciso ser antirracista.

Mas o que é, de fato, o racismo? De forma objetiva, é uma forma contínua de discriminação tendo a raça como base. E o que é a raça? O sociólogo Antonio Sérgio Alfredo Guimarães discute em *Modernidades negras* que a ideia de que os seres humanos têm raças é resultado de discursos de origem — dos povos, etnias, comunidades, culturas, e até mesmo das castas e classes sociais — disseminados entre os séculos XIX e XX pelo "racismo científico".

Esses discursos diziam que as pessoas que se originavam, por exemplo, de um continente, possuem características físicas, psicológicas, morais e intelectuais que são inatas, imutáveis, como se fossem essências transmitidas de geração a geração. A forma como isso se dá varia de uma sociedade à outra. Nos Estados Unidos, essa transmissão se dá pelo sangue. Assim, ter um antepassado negro faz de você um negro.

No Brasil, por causa da miscigenação entre os povos que compõem o povo brasileiro, a transmissão dessas características é atrelada não ao sangue, mas à cor. Por isso, quando se fala de Brasil, o conceito de cor é tão importante quanto o de raça. Durante quase todo o século XX, "cor" significava não só a da pele — como cada vez mais significa hoje em dia —, mas era um conjunto de características que incluía tanto aspectos físicos — cor da pele, textura dos cabelos, contornos dos lábios e do nariz — quanto civilizacionais — moral, inteligência, comportamento — em que, quanto mais próximo do modo de ser europeu, mais próxima uma pessoa estava de ser da cor branca ou de ser "admitido" em círculos sociais brancos.

Com isso, é possível perceber que o racismo é uma forma de discriminação contínua daqueles que não se aproximam do que foi construído como branco e dessas supostas características essenciais que a pessoa branca possui. Hoje, sabemos que o racismo impacta positiva ou negativamente a vida material das pessoas, abrindo ou fechando oportunidades. De acordo com Silvio Almeida, jurista e autor do livro *Racismo estrutural*, o racismo "se manifesta por meio de práticas conscientes e inconscientes que culminam em desvantagens ou privilégios para indivíduos, a depender do grupo racial ao qual pertençam".

E como tudo isso surgiu? Por volta do século XV, quando os europeus saíram em expedição para explorar o continente africano. Ali encontraram impérios e civilizações milenares, mas cujos povos não tinham a mesma cor que a deles, não rezavam para o mesmo deus nem se portavam ou falavam como eles. O tempo mostrou que os europeus lidaram mal com as diferenças que encontraram ao mostrarem a tendência de acreditar que apenas eles próprios eram civilizados e ao tentarem impor seus padrões de vida aos outros que encontravam pelo caminho.

Apesar disso, o motivo pelo qual os europeus decidiram navegar até outros continentes era principalmente econômico. Desde o século XV, os portugueses, por exemplo, começaram a estabelecer relações comerciais com povos litorâneos do continente africano, inclusive por meio da aquisição de pessoas escravizadas. Esse tipo de comércio deu um salto com a colonização do continente americano. Os europeus que aqui chegaram acreditavam que seria possível escravizar os nativos, que resistiram bravamente, mas também pereceram com a chegada das doenças trazidas pelos invasores.

Nos primeiros cem anos da chegada dos europeus nas Américas, estima-se que 20 milhões dos nativos do continente tenham morrido, o que colocava a empreitada colonial europeia em risco. Foi então que os europeus recorreram ao tráfico negreiro em massa. Dos mais de 10 milhões de negros desembarcados no continente americano, 46% vieram para o Brasil, o que fez de nosso país, ao longo de todo o período do tráfico, o maior importador de vidas do mundo.

Foi assim que aqui o negro efetivamente virou o outro, o diferente, o serviçal, uma mercadoria na roda da economia, uma força de trabalho "gratuita". Obviamente que anos de História foram resumidos aqui, mas foi a partir disso que o que entendemos hoje como racismo começou a ser construído, dando origem a essa discriminação contínua, cuja base é a raça enquanto diferença desumanizadora.

Antes da colonização europeia, os povos das dezenas de reinos e impérios existentes no continente africano não se consideravam ou sequer utilizavam o termo "negro" ou "africano". Afinal, entre eles, não havia essa classificação com base na raça, e sim de acordo com o povo ao qual pertenciam. Eram iorubás, zulus, fulas, igbos, somalis, bantos e tantos outros. Todos igualmente humanos. Foi por meio da escravidão que os europeus os transformaram simplesmente em negros, criando a ideia da divisão da humanidade em raças hierarquizadas entre si.

O racismo faz parte da fundação da sociedade brasileira, estruturando as instituições, a cultura, as religiões, o meio ambiente e até a nossa língua. Nada nem ninguém escapou dessa dominação. No Brasil, todas as expressões de origem africana ou indígena são consideradas exóticas, profanas, diferentes demais, "anormais" ou "obscuras", ao passo que tudo o que é branco, europeu — ou, nos dias atuais, estadunidense — representa a tradição, o correto, o admirável, o desejável.

O processo que permite que a própria sociedade acredite nesse discurso é o epistemicídio, termo cunhado pelo sociólogo português Boaventura de Sousa Santos para se referir à invisibilização das contribuições sociais e culturais dos países não ocidentais para a cultura mundial. O epistemicídio é uma das faces da dominação eurocêntrica.

E não pense que não houve resistência. Resistir é o que o povo africano e seus descendentes fizeram e fazem até hoje, mas não é nada fácil lutar contra um sistema bem articulado, uma estrutura armada, com pouco apoio e poucos aliados. Entender essa estrutura complexa é entender uma história do Brasil "feita por mãos negras", como diria a historiadora e ativista Maria Beatriz Nascimento. Afinal, foi o tráfico, o comércio e o trabalho de milhões de escravizados que geraram a riqueza deste país.

Com suas fundações fincadas no racismo, o Estado brasileiro independente permaneceu escravocrata. Dessa forma, não é de se estranhar — ainda que seja de se condenar — que os escravizados, por exemplo, não tenham sido considerados cidadãos em nossa primeira Constituição, datada de 1824.

Ao longo de todo o século XIX, a legislação de diversas províncias brasileiras, como a de Minas Gerais, Rio Grande do Norte e Rio de Janeiro, continuaram a negar autonomia e o direito de autodeterminação aos negros, restringindo os ganhos e o acesso à educação. No Espírito Santo, inclusive, era proibido que se ensinasse escravizados a ler e a escrever.

Qualquer tipo de participação na política do país foi feita de forma "ilegal", como aconteceu com os quilombos e a Revolta dos Malês, movimentos que buscavam a liberdade de existir. E essas participações foram duramente reprimidas pelo Estado como exemplo para que não mais acontecesse — mas, como podemos notar, seguiram acontecendo.

O racismo científico e o mito da democracia racial

Vimos até aqui que o passado colonial do Brasil foi escrito com o sangue de pessoas escravizadas. Suas pilastras seguem bem firmes em nosso presente racista, no qual os suspeitos, os desempregados, as pessoas em situação de rua e os menores salários estão sempre atrelados às pessoas negras, herdeiras do sistema racista da escravidão que, em tese, terminou há mais de 130 anos.

Mas há aqueles que sequer acreditam que o racismo realmente exista. Há quem ache que vivemos em um paraíso racial, juntos e sensatos, sem preconceitos. A ideia de que o Brasil é um "paraíso racial" também remonta ao período colonial, quando se acreditava que a escravidão aqui seria menos violenta e cruel do que a de outras colônias europeias do continente americano. Isso porque pensava-se que aqui poderia existir uma convivência harmônica entre os "gentis" senhores e seus escravizados — que se traduzia, no período republicano, em relações sociais "democráticas", já que não havia entre negros e brancos brasileiros uma linha de cor que os separasse nem pela lei — como nos Estados Unidos — nem no contato cotidiano. Dessa forma, criava-se o mito de que não havia racismo no Brasil, ou seja, de que seríamos uma "democracia racial".

Democracia pressupõe liberdade e não era isso que os escravizados tinham. As relações que originaram a miscigenação não estavam fundamentadas em condições de igualdade, e sim entre senhor e escravizada, e em condição de extrema de violência sexual. A perspectiva eugênica que dominava o racismo científico durante o fim do século XIX professava a pureza das raças como forma de libertar os brancos europeus dos riscos da "degenerescência racial" que poderia custar seu desenvolvimento.

No Brasil, a eugenia influenciou a política racial, mas de maneira diversa: como não podia ser mais evitada, a miscigenação seria a única forma capaz de diluir o sangue negro das veias do povo brasileiro, apagando as marcas do atraso representado pelo sistema escravocrata e por nosso passado colonial. E foi assim que se implementaram aqui estratégias para o embranquecimento da população, incentivando-se a miscigenação, importando-se imigrantes brancos não portugueses e promovendo a "aculturação" dos não europeus. Com isso, buscava-se tornar o Brasil mais moderno e civilizado.

Agora tudo é racismo?

Enquanto os descendentes de imigrantes tornavam-se prósperos, os negros continuaram a ser alijados dos bons empregos e das boas posições; um futuro vivo foi roubado. Perpetuou-se um estigma que desumanizou e impediu toda uma parcela da população de acessar com dignidade o trabalho, a renda, a cidadania e a educação. O professor e militante do movimento negro Edson Cardoso vai chamar de "atrofia da vida" a política em que se retira todas as possibilidades para a manutenção da vida até que só reste a morte. A partir da ótica da participação do Estado, o filósofo e historiador camaronês Achille Mbembe chamará de necropolítica, que significa, literalmente, política da morte.

A ideia de que o povo brasileiro não é racista vem da falsa perspectiva de que celebramos todas as raças. Mas isso não passa de uma mentira. Nós, enquanto sociedade, matamos a juventude negra e sufocamos o futuro indígena nas queimadas. São os negros que ganham os piores salários — a diferença entre o salário de brancos e negros que ocupam o mesmo cargo chega a 30%, mesmo o negro trabalhando, em média, duas horas a mais, segundo dados do Departamento Intersindical de Estatística e Estudos Socioeconômicos (DIEESE).

Há anos temos ouvido frases como "nossa, agora tudo é racismo" e "quanto mimimi". Façamos uma reflexão: você gostaria de ser tratado de maneira desumanizada, assim como os negros são tratados pelo Estado e pela sociedade? Gostaria de figurar como suspeito em delegacias em todo o país? Gostaria de não se ver representado em expressões culturais? Gostaria de ser visto como exótico? Gostaria de ter um emprego negado apenas pela sua aparência? Gostaria de ter de começar cada competição com atraso por conta da sua cor?

Ao observar o panorama histórico-social do país, não há como pensar que esse contexto seja produto de "vitimização" ou uma reclamação de poucos — negros representam 56% da população brasileira, de acordo com o Censo de 2010 do Instituto Brasileiro de Geografia e Estatística (IBGE). Citando uma vez mais o professor Silvio Almeida, "[...] o racismo é uma decorrência da própria estrutura social, ou seja, do modo 'normal' com que se constituem as relações políticas, econômicas, jurídicas e até familiares, não sendo uma patologia social e nem um desarranjo institucional. O racismo é estrutural".

Imagine que nossa sociedade é uma casa. O racismo não faz parte da decoração, não é aquela toalha de tricô que divide opiniões, mas é a estrutura, algo que muitas vezes não é visto com nitidez (você não consegue enxergar todos os pilares de sustentação, não é?), mas que, quando danificado, compromete tudo. O sistema racista compromete a sociedade e o país, danifica as possibilidades de uma democracia sólida e de um futuro desenvolvido. Afinal, como podemos ser um país desenvolvido com a maioria da população tendo sua própria existência ameaçada, seja pela violência, seja pela falta de acesso a necessidades básicas?

O problema racial no Brasil precisa de um debate profundo se quisermos avançar enquanto sociedade. Mas, antes mesmo de se iniciar essa discussão, é preciso que todos reconheçamos a existência desse problema, é preciso parar de evitar o elefante na sala e substituir os pilares que estão ruins.

A sociedade brasileira é racista. É racista quando vê o negro como potencial perigo, um criminoso, um subalterno, aquele que deve servir e não ser servido. É racista quando estranha um negro em lugares de destaque, de liderança. É racista quando se exime de seu papel no racismo. É racista quando confunde um negro com outro, só porque ambos têm a mesma cor de pele. É racista quando acusa pessoas negras de crimes que não cometeram. É racista quando desconfia da qualidade ou da vitória de pessoas negras. É racista quando simplesmente não é antirracista, quando diz que é "mimimi" qualquer acusação de racismo, quando fala sobre racismo reverso.

Enfim, não há meio-termo. Se alguém não é antirracista, é racista.

Resistir sempre: o papel do movimento negro

É preciso fazer uma pausa na narrativa para pontuar algo importante: os negros não passaram em silêncio por toda sorte de opressão e violência física e simbólica. Por meio de diferentes formas, esse povo buscou resistir não "apenas" para sobreviver, mas para legar aos seus descendentes sua rica cultura. Não eram cordeiros indo para o abate aqueles que seguiam para o litoral africano rumo ao cárcere no "novo mundo".

O autor Laurentino Gomes, no primeiro volume da trilogia *Escravidão*, explica que a fase de embarque dos negros era considerada perigosa, pois "o número de suicídios nesse momento era proporcionalmente mais alto". Era preferível lançar-se ao mar do que permanecer nas mãos do poder colonial.

Outra forma de resistir era tomar o controle dos navios. Gomes indica que cerca de seiscentas revoltas de escravizados foram documentadas ao longo da história do tráfico negreiro. Infelizmente, apenas 26 tiveram êxito com os negros tomando o barco e retornando à África. A tensão era tão presente dentro das embarcações que eram armadas barricadas para que os tripulantes pudessem se precaver contra revoltas dentro do navio.

Em terra, dispunham de técnicas para se deixar morrer como envenenamento, enforcamento ou mesmo entregar-se ao que os brancos à época nomearam de banzo, estado depressivo no qual os escravizados deixavam de falar e comer. Mulheres abortavam para que seus filhos não nascessem sob a escravidão. No *Dicionário da Escravidão Negra no Brasil*, o sociólogo Clóvis Moura aponta que a prática era realizada "em grandes proporções". Para além da liberdade, a morte significava prejuízo para os senhores brancos.

A fuga era outro método de resistir à violência da escravização. Dela, podiam surgir os quilombos, verdadeiros coletivos de resistência que tomaram o Brasil ao longo de quatrocentos anos. O primeiro agrupamento de negros do qual se tem notícias é de 1573, na Bahia. Desde o início, a Coroa Portuguesa os tomava como afronta e buscava reprimi-los com violência. Mas, para cada um que era derrubado, outros eram erguidos. Entre 1710 e 1798, apenas em Minas Gerais foram registrados 160 coletivos.

O mais longevo quilombo do período escravista é o dos Palmares. Localizado na Serra da Barriga, em Alagoas, resistiu às dezessete investidas do governo colonial ao longo de quase cem anos. Laurentino Gomes afirma que "em meados do século XVII, Palmares já seria uma confederação de dezoito mocambos espalhados por uma vasta área", que representou tão grande ameaça que, em 1608, o governador-geral sugeriu que a Coroa abolisse a escravidão em Pernambuco sob a alegação de que os quilombolas eram mais difíceis de vencer do que os indígenas.

Quilombos como o do Ambrósio, do Piolho, do Mola, do Urubu ou do Campo Grande se tornaram símbolos da resistência não apenas dos negros, mas de indígenas e outras populações que se juntavam a estes agrupamentos que sobreviviam da agricultura e de incursões em propriedades de senhores.

O ano de 1835 é famoso por uma das maiores revoltas de escravizados no país: a dos Malês, como eram conhecidos os negros muçulmanos que sabiam ler e escrever o idioma árabe. Contrários à imposição da religião católica e à escravização, a ideia dos revoltosos — em sua maioria, muçulmanos escravizados — era tomar Salvador e posteriormente o Recôncavo Baiano.

Ao contrário de outros eventos revoltosos, seus líderes, os escravizados Ahuna, Pacífico Licutan, Sule ou Nicobé, Dassalu, Aprígio, Pai Inácio, Luís Sanim e Gustard, e os libertos Manuel Calafate e Elesbão do Carmo se reuniam para planejar a rebelião, juntaram dinheiro, compraram armas. Entretanto, uma traição fez com que o movimento eclodisse cerca de horas antes do momento planejado.

Ainda assim, centenas de escravizados se rebelaram naquele dia em toda a Salvador, lutando contra as forças do Estado. Cerca de setenta rebeldes morreram e mais de quinhentos sofreram açoites, foram presos ou deportados.

Luís Gama — filho de Luisa Mahin, liberta que participou ativamente da Revolta dos Malês — é um dos símbolos de luta e resistência. Nascido livre, foi vendido pelo pai em 1838, indo para o Rio de Janeiro e posteriormente para São Paulo. Em 1848, foge da casa onde era escravizado e consegue comprovar que nascera livre. Foi após esse período que Gama começou a estudar nas horas vagas de seu trabalho como soldado.

É a partir de 1860 que Luís começa a contabilizar escravizados libertos em seu currículo. Sendo rábula (advogado sem diploma acadêmico) autodidata, ele teria libertado mais de quinhentos negros. Em 1869, conseguiu na Justiça o cumprimento do testamento de um rico que havia dado alforria aos seus 217 escravizados. De acordo com reportagem da BBC, essa teria sido "a maior ação coletiva de libertação de escravizados conhecida nas Américas".

Apenas em 2015 ele foi reconhecido como advogado pela Ordem dos Advogados do Brasil (OAB). "Eu advogo de graça, por dedicação sincera à causa dos desgraçados; não pretendo lucros, não temo represálias", escreveu em uma edição do *Correio Paulistano* datada de novembro de 1869. Gama também foi jornalista e, por meio de sua escrita, denunciou a violência contra a população negra de sua época.

Um exemplo é uma crônica sua publicada no jornal *Gazeta do Povo* em 1881, na qual denuncia ironicamente a necessidade de negros terem de pedir autorização policial para fazerem festas. "O africano livre Joaquim Antônio, morador ao marco da Meia Légua, obteve do digno sr. capitão Almeida Cabral, subdelegado do distrito, licença para dar um divertimento. Já não é pouco: neste país clássico da liberdade não é permitido ao negro divertir-se, em sua casa, sem licença da polícia!"

Nascido em resposta à discriminação racial de quatro garotos do time infantil de voleibol do clube Regatas Tietê; e à prisão, tortura e assassinato do feirante Robson Silveira da Luz, pela ditadura militar em

1978, o Movimento Negro Unificado (MNU) é o mais longevo movimento negro organizado do país. Tendo uma manifestação histórica que reuniu duas mil pessoas na escadaria do Theatro Municipal de São Paulo como ato fundador, desde o começo o MNU se colocou contra a violência policial, a discriminação, a desigualdade e a favor da participação democrática.

"No momento da fundação, o pessoal do movimento na verdade denunciava a inexistência da democracia racial tão falada, inclusive pelo regime militar", relembrou Regina Lucia Santos, uma das fundadoras do MNU, em entrevista ao portal *Brasil de Fato*. Milton Barbosa, outro fundador do movimento, pontua que "o MNU veio em resposta a esses ataques sistemáticos sobre a população negra, a juventude negra. Hoje entendemos que há um projeto de genocídio da população negra no Brasil".

Ao longo das últimas décadas, o MNU encampou lutas por políticas de cotas raciais, por uma educação antirracista, pela proposta de criminalização do racismo, pela posse de terras para quilombolas e pelo fim das torturas e prisões injustas. Os passos desse movimento não são recentes, vêm da resistência dos primeiros escravizados e passam pela eleição de parlamentares e figuras de autoridade negras. Resistir ao racismo tem sido um ato contínuo.

O RACISMO NÃO É UM PROBLEMA SÓ DOS NEGROS

O racismo acontece em uma relação de hierarquia, em que uma ou mais raças se consideram superiores às demais. No Brasil, o comum é discutir como a população negra é afetada pelo racismo, como se apenas os negros tivessem raça. Pouco se fala da raça dos brancos e de seu lugar na sociedade. Isso acontece porque ser branco se tornou o modelo de referência de dignidade, civilidade e desenvolvimento, agindo como um padrão invisível e universal a ser alcançado. Isso faz com que se torne difícil perceber que os brancos também têm raça. Também dificulta notar que, ao se constituir como modelo de referência, ficou mais fácil que a raça branca passasse a governar as demais raças, monopolizando para si direitos que deveriam ser de todas as raças e transformando-os, assim, em privilégios. Esses lugares de referência e de privilégios que a raça branca ocupa é o que se chama de branquitude.

Alargando o conceito, as psicólogas Cida Bento e Lia Vainer Schucman têm trabalhos reconhecidos sobre como esse lugar da branquitude atua na sociedade brasileira. Lia explica que branquitude "não é um sinônimo de pessoas brancas", afinal "a pele branca não teria nenhum significado sem o racismo". É, por fim, o lugar de poder de decisão e de vantagens acumuladas historicamente a partir da construção do sentimento de superioridade em relação ao outro, que parece então ter uma raça, enquanto o branco deixa de ter.

Um exemplo disso é que um terno e um sapato de salto não são considerados vestimentas étnicas, mas peças com motivos africanos o são. A roupa ligada aos brancos é tida como "normal". A mesma coisa acontece com o padrão de beleza. Se você pesquisar o termo "mulher bonita" na internet, as imagens serão, em sua maioria, de mulheres brancas, pois este é o padrão de beleza.

Cida Bento, em seus trabalhos e falas, relaciona a branquitude à herança colonial, pois a posição positiva da população branca no mundo é garantida a partir da estrutura escravista. Para ela, no Brasil, os brancos não se veem como descendentes dos maiores beneficiários da escravidão, o que lhe garantiu vantagens estruturais.

Nesse sentido, você já deve ter dito ou então ouvido alguém dizer "eu não participei disso" ou "o que eu tenho a ver com a escravidão?". No lugar disso, a ideia construída é a de que a posição foi conquistada por merecimento.

A manutenção desse lugar é outro legado que a branquitude, enquanto grupo, possui. É preciso manter os melhores lugares sociais dentro do grupo. Fortalecer os iguais e excluir os diferentes. É a este acordo silencioso que a psicóloga vai chamar de pacto narcísico da branquitude.

Mas que privilégio é esse?

Você se lembra das perguntas que fizemos no começo do primeiro capítulo deste livro? Volte a elas e para cada uma à qual você responder "não", acrescente um ponto.

Cada ponto somado significa um privilégio que você goza em relação às pessoas negras. Talvez seja a maneira mais simples de explicar o conceito de privilégio branco, que, junto com ideologia da supremacia branca, está relacionado à ideia de oprimido e opressor.

A supremacia branca vem da crença na superioridade branca, justificando o tratamento desigual, a discriminação, o governo, a opressão e a violência contra os não brancos. A estrutura colonial e a ideia de supremacia branca garantiram às pessoas brancas certas benesses que fazem com que sua figura — independentemente da condição financeira — seja vista de forma positiva.

A raça branca é suficiente para garantir caráter, respeitabilidade e reconhecimento de sua humanidade a quem a possui.

Em uma síntese um pouco mais acadêmica, no livro *Pacto da branquitude*, Cida Bento define privilégio branco como "um estado passivo, uma estrutura de facilidades que os brancos têm, queiram eles ou não". Ou seja, "a herança está presente na vida de todos os brancos, sejam eles pobres ou antirracistas".

Uma pessoa branca tem privilégios graças ao racismo, mesmo quando se considera aliada da luta antirracista. Ser antirracista não vai fazer com que esses privilégios acabem e magicamente pessoas negras passem a gozar de igualdade. É preciso consertar as fundações da nossa sociedade. Para que isso ocorra, é necessário que mais e mais pessoas brancas se reconheçam como parte do problema e passem a buscar soluções. O racismo não é e não pode ser mais um problema a ser combatido apenas por negros, e sim por todos. Retomando os estudos da branquitude de Lia Vainer, este é um lugar de modelo universal de estética, de sociedade, de comportamento, de códigos de vestimentas. Ou seja, o branco é neutro, não tem raça e é o humano universal, modelo a ser alcançado pelos demais, os outros que figuram sempre abaixo. "A Europa tem sociedade e outros têm tribo. A Europa tem língua, os outros, dialetos", exemplifica.

As ciências humanas são ensinadas nas escolas a partir das perspectivas europeias. Há uma estrutura que coloca a civilização branca em um altar e não é algo que sempre foi assim; isso foi criado pelo racismo, que produz diferenças e justifica desigualdades. Entendido isso, ficam latentes as formas com que o privilégio branco atua no nosso dia a dia. O lugar onde vivemos, as oportunidades que acessamos, a infraestrutura de que usufruímos, a renda que ganhamos — em tudo o privilégio branco opera, organizando o melhor para a branquitude e o resto para os demais.

O Instituto Identidades do Brasil (ID-BR) elencou, em seu site, os seguintes doze exemplos de privilégio branco:

- Ter acesso à educação de qualidade;
- Não precisar fazer dupla jornada de estudos e trabalho para complementar renda familiar;
- Ter os membros da família presentes em sua infância;
- Ter estrutura familiar estável;
- Não morar em área de risco;
- Ter estudado no ensino fundamental e médio em instituições privadas ou em instituições públicas de referência;

Agora tudo é racismo?

- Nunca ter sido rechaçado no ambiente de trabalho pela cor de sua pele;
- Não ter tido dificuldades de fazer amigos por conta da cor de pele;
- Ter acesso a cuidados de saúde de qualidade;
- Ser capaz de encontrar referências de pessoas acerca de seu pertencimento racial, como exemplos em todas as profissões e áreas;
- Não ser retratado na mídia com base em estereótipos negativos;
- Não enfrentar violência policial direta.

Na internet, você também encontra o Jogo do Privilégio Branco, uma forma didática de as pessoas entenderem esse conceito aplicado às suas vidas e de aproximar os brancos mais da sua responsabilidade em relação ao racismo. Em resumo, o jogo coloca pessoas brancas e negras em uma linha e apresenta situações com as quais quem se identifica é convidado a dar um passo para trás ou à frente. Ao final, cada pessoa percebe qual é seu lugar: mais à frente, em situação de vantagem, ou mais atrás, em situação de desvantagem.

Um pacto silencioso e o mito da meritocracia

Como o privilégio branco tem sido mantido por tanto tempo? Para responder a essa pergunta, precisamos retornar ao trabalho da psicóloga Cida Bento, que desenvolve um conceito chamado pacto narcísico, que diz respeito ao sistema de proteção silencioso que a branquitude tem entre si para "proteger" seus privilégios. Ela afirma que esta estrutura tem um componente de autopreservação contra o "diferente" que "ameaça" o "normal". Lia Vainer Schucman mostra que esse componente de autopreservação é acionado pelo que chama de "medo branco", que se manifesta sempre que o lugar da branquitude é ameaçado pela possibilidade ou pela efetiva conquista de direitos por não brancos, levando a uma reação mais ou menos consciente, articulada e violenta para manter seus privilégios por meio de práticas racistas.

É importante mencionar que a maioria dos brancos brasileiros condena o racismo e o percebe como uma injustiça. No entanto, a pesquisa de Schucman revela que, apesar disso, o medo branco não impede que as pessoas brancas o pratiquem individualmente em seu cotidiano, como em um acordo tácito para manter o lugar da branquitude.

Por isso, não chega a ser um "grande acordo nacional", mas como trata Cida Bento, manter-se no poder vem exigindo da branquitude "cumplicidade silenciosa" e o apagamento e o esquecimento que possam os ligar aos atos de seus antepassados ao longo do período escravagista. "Devem reconstruir a história positivamente e assim usufruir a herança, aumentar os ativos dela e transmiti-los para as próximas gerações", diz Bento em seu livro.

É este fenômeno que está por trás da ausência de negros nos espaços de poder do Estado e das organizações privadas. No entanto, a narrativa construída para a grande parcela branca de líderes é uma velha conhecida: a meritocracia, argumento utilizado por líderes para explicar que as pessoas que estão em posições naquela organização as mereceram, trabalharam pelo cargo, estavam mais preparadas. Como se as pessoas negras, por serem tidas como inferiores, não estivessem à altura e, portanto, não as merecessem.

E aqui vamos fazer uma pausa necessária, porque é hora de desconstruir um mito. Quando as pessoas não querem dar acesso a determinado grupo ou a uma pessoa por qualquer que seja o motivo, o conceito da meritocracia é lançado à mesa como um trunfo. Mas o que significa meritocracia? Destrinchando a palavra em suas duas raízes, vemos que *mereo* é ser digno ou merecedor em latim, e cracia vem de *kratos,* que significa governo em grego. Ficaria algo como "o governo dos merecedores".

No dicionário, a definição é "predomínio em uma sociedade, organização, grupo, ocupação etc. daqueles que têm mais méritos" ou "sistema de recompensa e/ou promoção fundamentado no mérito pessoal". Ou seja, é um sistema que oferta benefícios para quem é competente. Chegar a ser competente é um processo que envolve fatores para além da personalidade da pessoa, como boa educação, bons contatos, boas oportunidades. E todos custam bons investimentos.

A meritocracia coloca todo mundo para competir saindo de diferentes lugares. Seria como colocar um carro popular, um carro de alto padrão e um carro de Fórmula 1 para correrem em pé de igualdade. Não é lá muito justo, concorda? A mesma coisa é um processo seletivo para uma vaga gerencial ter candidatos que estudaram em escolas particulares e tiveram a oportunidade de fazer intercâmbio disputando com candidatos que estudaram no nosso precário sistema de ensino público, tiveram de trabalhar para pagar os estudos universitários e nunca tiveram a oportunidade de viajar para fora do país.

Michael França, coordenador do Núcleo de Estudos Raciais do Instituto de Ensino e Pesquisa (Insper), em seu artigo "De pai para filho, a meritocracia hereditária", afirma que a disputa fica ainda mais desigual se colocarmos na balança quem está em posição de vantagem meritocrática ao ter herdado isso de sua família, ou seja, adquiriu a vantagem com o esforço de terceiros, apenas por ter nascido naquele ambiente. Se analisarmos, não há muito mérito pessoal em receber algo feito por outras pessoas, não?

Estamos em um país no qual 705 mil homens brancos ganham mais do que as mais de 33 milhões de mulheres negras existentes no país, que representam 26% da população do Brasil, segundo estudo do Centro de Pesquisa em Macroeconomia das Desigualdades (Made), sediado na Universidade de São Paulo. Qual lado da pirâmide você acha que teve mais oportunidades e mais acesso para desenvolver sua competência? Em resumo, qual lado você acha que foi mais merecedor?

Aqui vai um spoiler: nunca foi mérito, sempre tratou-se de manter dentro da branquitude os melhores lugares na fila do pão, da saúde, da educação. O pacto da branquitude é um clube VIP no qual é preciso pertencer ao grupo e preencher requisitos que apenas o poder pode alcançar. "Os que chegaram no topo acreditam que seu sucesso é obra sua, evidência de seu mérito superior, e que os que ficam para trás merecem seu destino da mesma forma", diz o filósofo da Universidade de Harvard, Michael Sandel.

Que fique evidente: a perpetuação da branquitude em posições de mando e destaque não se deve a uma falta de candidatos negros qualificados, mas à manutenção da supremacia branca, herdeira dos tempos coloniais. O que é da branquitude fica na e para a branquitude.

Em determinados órgãos de Estado, como a Justiça, que, em tese, possuem concurso público como processo seletivo, há verdadeiras dinastias de juízes e desembargadores que são filhos, netos e bisnetos de juízes e desembargadores. Um quinto dos magistrados têm familiares na mesma carreira. De acordo com o Conselho Nacional de Justiça (CNJ), o cenário mudou nas últimas décadas: 30% dos magistrados que ingressaram até 1990 tinham familiares na magistratura, em 2018, esse número caiu para 13%. Ainda assim, estamos falando de uma carreira que tem 80% de pessoas brancas em seus quadros. Em 2017, sete dos onze ministros do Supremo Tribunal Federal (STF), todos brancos, tinham parentes como donos, administradores ou funcionários de grandes escritórios de advocacia, de acordo com levantamento do portal *Poder360*.

Na Câmara dos Deputados e no Senado, há inúmeros exemplos de pais, filhos e netos que se mantêm em cargo público, mal parecendo que existe um sistema eleitoral. Um levantamento feito pelo cientista político Ricardo Costa de Oliveira apontou que, em 2017, 62% da Câmara dos Deputados era formada por deputados originários de famílias políticas, enquanto no Senado esse número sobe para mais de 70%. Há famílias de parlamentares que, inclusive, conseguem remontar aos tempos da escravidão. O pacto segue firme, como se pode ver.

A grande dificuldade é fazer com que a branquitude reconheça sua herança como mantenedora de suas vantagens estruturais e acesso a cargos de liderança — mesmo que os números apontem isso. Buscar superar o medo branco internalizado em cada um pode ser um caminho.

O RACISMO NOSSO DE CADA DIA

omo já vimos, o racismo no Brasil, que pode muito bem ser chamado de "racismo à brasileira", é histórico, estrutural e estruturante. Basicamente, ele se encontra em todas as áreas da vida social do brasileiro, como política, segurança pública, trabalho e renda, gênero, saúde, afetividade e aspecto psicológico. Cada camada da vida de uma pessoa negra é, em diferentes dimensões, regida pela sombra do racismo.

Diariamente, as pessoas negras têm de defender sua competência, sua inocência, sua fé, sua aparência e sua forma de ser e estar no mundo. Herança de uma colonização que, por séculos, subalternizou seus ancestrais, que eram considerados meras mercadorias.

Uma pessoa que é lida como branca não se preocupa em não parecer suspeita ou como deve ou não correr pelas ruas. Seus pais não a ensinaram a sempre andar com documentos e a como responder à polícia. Essa pessoa nunca se preocupará com um segurança a seguindo em uma loja ou a revistando por suspeitar que ela furtou algum produto. Em todo momento, ela se verá representada nas novelas, séries, filmes, nos mais altos postos das grandes empresas e nos cargos de alto escalão do governo, afinal, o padrão de poder, de autoestima, de representação, qualquer padrão que queira se dizer universal, é branco.

Há vários setores da vida social no qual o racismo age: política, segurança pública, saúde, gênero, religião, cultura. Neste capítulo, vamos falar sobre alguns deles e trazer os números alarmantes do racismo estrutural no nosso país.

O racismo e a política

Ao longo do período do Império (1822-1889), os negros escravizados ou livres não eram considerados plenamente cidadãos. Uma das condições para ser cidadão é o pleno direito à participação na vida e também nos destinos da nação. Se você é um ser-mercadoria que pertence a alguém, então, é apenas um objeto, como a mobília da sala de um senhor branco, e não parte do contingente de cidadãos brasileiros.

A primeira Constituição pós-Independência aponta que apenas brancos e libertos eram considerados cidadãos, estes últimos, no entanto, eram relegados à segunda classe ao não poderem votar.

Em diversas províncias brasileiras, era proibido que escravizados e, em alguns casos, até libertos, fossem à escola. Nem mesmo podiam ser educados em leitura e escrita. Isso é relevante de se pontuar porque, até 1985, analfabetos não podiam votar. Para se ter uma ideia, de acordo com dados do IBGE, entre 1940 e 1980, a taxa de analfabetos maiores de 15 anos no Brasil nunca foi menor do que 25%, chegando a 56% nos anos de 1940. Ou seja, em meados do século XX, o impedimento de voto aos analfabetos deixou mais da metade da população sem direito a exercer a escolha de seus líderes. Nos anos de 1980, dos 120 milhões de brasileiros, 34 milhões eram analfabetos — destes, mais de 20 milhões eram pretos ou pardos.

Agora tudo é racismo?

No pós-abolição, mesmo que pudessem ler e escrever, como os donos de terras se recusavam a pagar salários para suas antigas "mercadorias", os negros não tinham poder aquisitivo suficiente para se enquadrar nas legislações eleitorais da época, que garantia direito ao voto apenas a homens com determinada renda.

Como já pôde ser percebido, toda a estrutura racial demanda que olhemos para o contexto histórico para entendermos sua origem. Não é à toa que, apesar de ser a maioria do eleitorado, a representação de negros na política é baixa. Nas eleições de 2022, a Câmara dos Deputados elegeu 134 negros em 512 vagas — pouco mais de um quarto das cadeiras.

Nessa mesma eleição, as candidaturas negras registradas alcançaram 13 mil, sendo a primeira vez que o número de candidatos não brancos ultrapassou o de brancos, de acordo com o Tribunal Superior Eleitoral (TSE). Ou seja, não falta candidato negro (ainda que alguns tenham se autodeclarado brancos em outras eleições).

Assim como nos tempos da abolição, sem representação política efetiva, quem vai legislar sobre o racismo com poder de voto? Quem estará nas estruturas do poder do Estado? Quem vai ser pelo povo negro?

Ao longo de mais de 130 anos de República, homens e mulheres negros buscaram romper com esse ciclo. Em 1909, o jurista pernambucano Manoel da Motta Monteiro Lopes foi o primeiro deputado federal negro e precisou lutar para ser nomeado, pois não queriam reconhecê-lo como representante político. Nilo Peçanha era pardo, e, entre

1890 e 1910, ocupou os postos de prefeito, senador, governador e presidente da República. Entre as três mulheres que figuram como primeiras a serem eleitas, a professora Antonieta de Barros foi a única negra a assumir um mandato popular como deputada estadual em Santa Catarina em 1934. Apenas em 1982, o Brasil elegeu sua primeira senadora negra, a médica Laélia de Alcântara, pelo estado do Acre. Em 2002, Benedita da Silva assumiu o posto de governadora do Rio de Janeiro, sendo a primeira vez que uma mulher negra alçava essa posição.

Estes e outros nomes nunca se encontraram em maioria em seus postos. Como afirma a filósofa e ativista Sueli Carneiro, para o negro "chegar ao parlamento é uma experiência solitária". E tem sido assim até os dias de hoje.

Um exemplo de iniciativa que buscou formar e colocar mais negros na política foi o Quilombo nos Parlamentos, uma ação supra-partidária da Coalizão Negra por Direitos para as eleições gerais de 2022. O projeto buscou identificar, educar e apoiar mais de cem candidaturas de pessoas negras para os cargos de deputados estaduais, distritais e federais em todo o país. Vinte e seis pessoas foram eleitas, sendo que, pela primeira vez, elegeu-se uma pessoa trans negra para a Câmara dos Deputados: Erika Hilton, pelo estado de São Paulo.

Outro fator que escancara o racismo na política é quando um governo tem o compromisso de aumentar o número de secretários ou ministros negros, a fim de diversificar o primeiro escalão. Quando isso acontece, há uma imediata reação crítica. Aconteceu em

2002, quando a então governadora Benedita da Silva teve 20% de pessoas negras em seu primeiro escalão. Também aconteceu em 2022, quando o presidente eleito Luiz Inácio Lula da Silva anunciou Anielle Franco como ministra da Igualdade Racial. Neste caso, questionaram a competência de Anielle, ligando sua escolha "apenas" ao assassinato de sua irmã, a vereadora Marielle Franco.

Essas duas ocasiões demonstram algo pontuado por Sueli Carneiro: a excelência e a competência são percebidas como "atributos naturais do grupo racialmente dominante, o que naturaliza sua hegemonia". Afinal, não causa tanto estranhamento geral quando um governo totalmente branco e, em geral, masculino é anunciado. As únicas vozes ouvidas criticando isso são os movimentos sociais negros e outras minorias políticas.

O fato de o grupo hegemônico — ou seja, os brancos no poder — se recusar a "largar o osso" é porque ele teme que a partir do momento em que existir maior diversidade, não apenas negra, mas indígena, de mulheres e LGBTQIAPN+, os privilégios que os homens brancos têm irão diminuir e o poder estará representado de forma proporcional aos setores da sociedade brasileira.

O racismo e a segurança pública

Poucos dias após a assinatura da Lei Áurea, Antônio Ferreira Vianna, o então ministro da justiça, propôs o projeto nº 33, que buscava reprimir a ociosidade, algo que o Estado brasileiro sabia que iria acontecer uma vez que, ao libertar os cativos, não lhes ofereceu oportunidades de trabalho e renda, preferindo, assim, incentivar a vinda de imigrantes brancos não portugueses.

A segurança pública no Brasil nasce na repressão e no controle dos escravizados. Na capital do Império, a Divisão Militar da Guarda Real de Polícia, fundada no Brasil em 1809, impedia "qualquer levante ou movimento contra o governo e a elite" dessa população. "Quase toda ação policial entre 1810 e 1821 estava relacionada aos escravos, sendo a maioria por delitos de ordem pública. Juntamente aos escravos, cidadãos negros e mulatos também eram alvos prováveis de sofrer nas mãos de uma força liderada pelo famoso Miguel Nunes Vidigal." Fica estabelecida, portanto, que desde os primórdios da nação, o negro tem sido alvo de repressão e violência. O que pessoas negras vivem hoje é exatamente herança desse contexto.

Não é coincidência que 84% das pessoas mortas pela polícia em 2021 no Brasil eram negras nem que 67% das pessoas na prisão fizessem parte dessa população, conforme a 16ª edição do Anuário Brasileiro de Segurança Pública, organizado pelo Fórum Brasileiro de Segurança Pública (FBSP). São crianças, grávidas, idosos, pais, mães, famílias com um alvo na testa.

Em sua obra, Sueli Carneiro lançou um olhar sobre a situação. Para ela, o racismo tem duas funções. "A primeira [...] é estabelecer a distinção entre quais vidas que o Estado deve proteger e quais deve abandonar." Já a segunda é promover a limpeza social "pela eliminação dos inferiores, dos impuros, dos anormais, dos diferentes". Qualquer semelhança com ideologias nazifascistas de eliminação dos inferiores não é coincidência.

Vale destacar ainda que em trinta anos, a população que está presa cresceu 980%. Em um contingente de mais de 750 mil pessoas, o terceiro maior do mundo, dois a cada três são negros. Cerca de 40% dessas pessoas não deveriam estar presas, pois nem foram julgadas.

O sistema judiciário e as forças de segurança são aliados nessa guerra à população negra, especialmente em sua juventude. Não apenas por prendê-la, mas por matá-la.

Como já citado, a cada 23 minutos, um jovem negro é morto no Brasil, o que quer dizer que, nas cerca de quatro horas necessárias para concluir a leitura deste livro, dez jovens negros terão sido mortos. De acordo com o FBSP, entre 2012 e 2022, 408 mil negros foram mortos no Brasil. Cerca de 84% dos mortos pelo Estado eram negros.

"No Brasil, a juventude está inscrita no signo da morte." As palavras de Sueli Carneiro ecoam em cada um dos nomes de milhares de vidas que não são mais. "O primeiro direito das racialidades oprimidas e subalternizadas pelo racismo e pelo sexismo é o direito à vida."

E não é só a violência de Estado que mata a população negra. Em 2021, negros foram 77,6% das vítimas de homicídio intencional (doloso) e 67,7% das vítimas de latrocínio, ou seja, roubo seguido de morte. Os policiais negros também são os que mais morrem, em uma taxa de 67%.

Em 2020, foram feitas 12 milhões de abordagens. É como se um quarto da população paulista tivesse sido abordada, mas a verdade é que foram as mesmas pessoas (negras) diversas vezes. Os brancos não passam pela "filtragem racial" quando uma pessoa é escolhida como suspeita simplesmente por causa da cor.

Diante de todos os fatos, ficam verdades que não são reconhecidas publicamente, mas que os movimentos sociais negros vêm denunciando há décadas: o racismo tem matado a juventude negra sem peso na consciência, sem dor, sem dó. Isso não é uma guerra, mas um genocídio, pois apenas um lado detém o poder.

O racismo e os recortes de gênero

"Ser mulher negra no Brasil, repetimos, é ser objeto de tripla discriminação, uma vez que os estereótipos gerados pelo racismo e pelo sexismo a colocam no nível mais alto de opressão." Quem escreveu isso em 1979 foi a filósofa, antropóloga, professora e militante do movimento negro e do feminismo negro Lélia Gonzalez.

Com essas poucas linhas, ela define o que é interseccionalidade, um termo que é muito atribuído ao pensamento feminista negro estadunidense, mas que tem como expoentes duas mulheres negras brasileiras: Lélia e Maria Beatriz Nascimento.

Por seu gênero e por sua cor, a mulher negra brasileira recebe um combo de discriminações, fazendo com que fique nos estratos mais baixos da sociedade. E não importa que 29% da população seja composta por esse perfil. Há muito tempo já foi definida a subalternização dos negros e das mulheres, imagine então o lugar que a mulher negra ocupa em uma sociedade que não só é racista, mas é também machista e classista.

As estatísticas demonstram que, quanto à profissão, o lugar reservado às mulheres negras do século XXI é herança de suas ancestrais escravizadas: o serviço doméstico no qual representam 65% dos trabalhadores e recebem 20% a menos do que suas colegas brancas. Ao olharmos para outras possibilidades, outras profissões, percebemos que não é um exagero dizer que há, sim, um lugar reservado à profissional negra.

As juízas negras de primeira instância representam apenas 7% dos magistrados, já as desembargadoras, responsáveis pela segunda instância judiciária, não passam de 2%. Nos tribunais superiores, há apenas uma ministra negra, de acordo com dados do CNJ. O STF, mais alta corte do país, nunca teve uma negra entre seus ministros até o presente momento.

Entre as docentes de cursos de pós-graduação, as mulheres negras mal chegam a 3% do percentual de professores. Apenas 5,62% dos médicos brasileiros são mulheres negras. Nas grandes companhias, elas chegam a pífios 0,4% em cargos executivos.

Quando uma mulher negra está em posição de prestígio no mercado de trabalho, infelizmente ela é exceção. Isso quem afirma é a jornalista e pesquisadora Rosane Borges, que prossegue: "Ninguém vai numa empresa e diz: 'para minha alegria, o presidente é um homem branco', já está naturalizado. Quando a gente naturaliza esses lugares de poder com esse fundamento racial, a gente não consegue perceber que o racismo e o sexismo são os fatores que suportam esse processo".

A hierarquização racial não se limita aos cargos, mas chega também à renda e à carga de trabalho executada. De acordo com dados de 2022 levantados pelo DIEESE, mulheres pretas e pardas ganham, aproximadamente, 43% menos do que os homens brancos. E ainda existe a segunda jornada de trabalho: o serviço doméstico realizado em sua residência, pelo qual, além de não ser remunerada, também é comum não ter auxílio de seus familiares.

Não se trata de julgar o serviço doméstico como algo bom ou ruim, mas o fato é que a presença esmagadora de mulheres negras nesta posição e sua ausência em outras profissões, sendo maioria da população, aponta que, para a sociedade, o lugar da mulher negra é na cozinha.

"[...] Somos vistas como domésticas. Melhor exemplo disso são os casos de discriminação de mulheres negras da classe média, cada vez mais crescentes", diz Lélia Gonzalez em seu famoso ensaio *Racismo e sexismo* na *cultura brasileira*, de 1984. "Não adianta serem 'educadas' ou estarem 'bem-vestidas' [...] Os porteiros dos edifícios obrigam-nas a entrar pela porta de serviço. Afinal, se é preta só pode ser doméstica."

Mesmo no momento do cuidado com sua saúde física, a mulher negra sofre com o racismo. O artigo "A cor da dor: iniquidades raciais na atenção pré-natal e ao parto no Brasil", publicado nos *Cadernos de Saúde Pública* em 2017, mostra que a chance de a mulher negra não receber anestesia é 50% maior durante a episiotomia, corte cirúrgico efetuado no períneo para ampliar o canal do parto.

Aliás, a violência obstétrica tem sido uma realidade infeliz e comum para muitas mulheres, em especial às negras. Metade das parturientes que sofreram violência verbal era negra e 43% delas sofreram algum tipo de abuso durante o pré-natal.

Por conta de falta de acesso, a sobrevida de mulheres negras em casos de câncer de mama é até 10% menor do que entre mulheres brancas. O diagnóstico tardio é a maior causa das mortes. E vale destacar que 60% das pacientes com câncer de mama se utilizam do Sistema Único de Saúde (SUS) para se tratarem.

Assim como o extermínio de jovens negros, é possível dizer que as mulheres negras são vítimas de violência seja do Estado, seja da sociedade, seja da família. Em 2019, 66% de todas as mulheres assassinadas no país eram negras. Dez anos antes, esse número era 48,5%. Em 2022, 62% das vítimas de feminicídio também eram mulheres pretas e pardas.

As pessoas negras trangêneros também são alvos do racismo, ainda mais invisibilizadas por sua identidade de gênero. Não há dados oficiais que deem conta de sua existência e muito menos políticas públicas para essa população extremamente vulnerabilizada. Até o presente momento, não estão contabilizadas no Censo, nem em outros mecanismos de dados, estruturas essenciais para entender a situação de toda a população brasileira.

O Brasil é o país que mais mata pessoas trans e cerca de 80% desses assassinatos são cometidos contra corpos negros, de acordo com a Associação Nacional de Transexuais e Travestis (Antra). Os requintes de crueldade dessas mortes chamam a atenção: em 85%

dos casos houve uso excessivo de violência, como esquartejamento, afogamento e outras formas brutais de violência.

A estimativa é que, por conta da violência, falta de oportunidade e estigmatização, a expectativa de vida de pessoas trans não passe dos 35 anos. O atravessamento racial faz com que essa expectativa caia para 28 anos para pessoas trans negras. Adicione a essa conta a violência que sofrem ainda no lar, que faz com que muitas saiam de casa ainda adolescentes e deixem de estudar, relegadas à prostituição como única opção de renda.

Se não bastasse a violência, a mulher negra ainda enfrenta a objetificação e sexualização de seu corpo. Por anos, as "mulatas" do samba foram tidas como "produto de exportação" nacional. Este é o outro lugar reservado à mulher negra: a do corpo sexualizado, desejado para o consumo sexual, mas jamais para o afetivo. Como bem disse Lélia Gonzalez, "o outro lado do endeusamento carnavalesco ocorre no cotidiano dessa mulher, no momento em que ela se transfigura em empregada doméstica [...]. É por aí, também, que se constata que os termos 'mulata' e 'doméstica' são atribuições do mesmo sujeito. A nomeação vai depender da situação em que somos vistas".

Surge de todos esses lugares de dor o feminismo negro, movimento que busca reunir as demandas das mulheres negras em forma de luta e resistência. Lélia define que o movimento possui "a solidariedade, fundada numa experiência histórica comum". Este movimento, no Brasil, foi responsável por grandes figuras da vida pública do país, como a própria Lélia Gonzalez, a historiadora

Maria Beatriz Nascimento, a filósofa e ativista Sueli Carneiro, as ex-ministras Luiza Barros e Nilma Lino Gomes, a socióloga e militante baiana Vilma Reis, e representações parlamentares como Benedita da Silva, Leci Brandão, Kátia Tapety, Érica Malunguinho, Theodosina Rosário Ribeiro, Erika Hilton, Benny Briolly e Marielle Franco, cujo assassinato em 2018 fez florescer candidaturas-sementes de mulheres negras cis e trans em todo o país.

O racismo religioso

Imagine o cenário: cristãos de quaisquer denominações tendo sua religião comparada com o mal supremo, seus templos invadidos e destruídos, suas práticas religiosas criminalizadas, seus sacerdotes violentados e as imagens de seus santos quebradas por representarem o mal. Programas de televisão comparando velas e flores de oferendas aos santos como coisas malignas.

Este não é apenas um cenário hipotético para as religiões de matriz africana, como o candomblé e a umbanda, mas uma realidade imposta desde a colonização. "Não é exagero afirmar-se que desde o início da colonização as culturas africanas, chegadas nos navios negreiros, foram mantidas num verdadeiro estado de sítio", afirma o sociólogo e militante negro Abdias Nascimento em seu livro *O genocídio do negro brasileiro*. Ao longo dessa obra, Abdias relembra que essas expressões religiosas eram controladas de tal forma que seus terreiros precisavam ser cadastrados junto à polícia para poderem funcionar. Foi apenas em 1964 que essa obrigação legal arbitrária terminou.

Entre 1889 e 1945, no Rio de Janeiro, a Polícia Civil apreendeu 523 peças que faziam parte da dita "Coleção da Magia Negra". Foi apenas em 2020 que foi anunciado que essas peças históricas sairiam das mãos da polícia e iriam para o acervo do Museu da República. Entre os objetos, um conjunto de oito anéis tão antigo e importante que pôde ajudar a reconstituir linhagens antigas da umbanda e do candomblé carioca. Esculturas, indumentárias, tambores, partes da memória de uma cultura e de um povo nas mãos do Estado.

O racismo religioso utiliza práticas violentas que expressam a discriminação e o ódio pelas religiões de matriz africana e seus adeptos, assim como pelos territórios sagrados, as tradições e culturas afro-brasileiras. A expressão não é nova. De acordo com o advogado Hédio Silva Jr., coordenador executivo do Instituto de Defesa dos Direitos das Religiões Afro-Brasileiras (IDAFRO), ela nasce nos anos de 1960 na Organização das Nações Unidas (ONU), "adquirindo conteúdo jurídico e significação volátil ao longo das décadas". "O racismo é ferramenta das religiões hegemônicas. Para eles, o demônio não é branco, o demônio é preto", explica o babalorixá Sidnei Nogueira, que também é professor e doutor em Semiótica pela Universidade de São Paulo (USP), em entrevista à Agência Pública.

Historicamente, o Estado brasileiro em conjunto à Igreja Católica são responsáveis por esta verdadeira demonização dos cultos africanos. Historiadores apontam que logo quando negros chegavam ao território brasileiro eram batizados na religião, que, de acordo com o artigo 5º da Constituição de

1824, era o catolicismo. Em 1830, o Império proibiu "o culto de outra religião que não seja a do Estado".

Retomando o pensamento de Abdias Nascimento, agora em seu livro *O quilombismo*, é importante destacar que "devemos sempre ter em mente que, desde o nascimento da colônia, considerava-se as religiões africanas como práticas ilegais, e elas se tornaram cultos subterrâneos, misteriosos e secretos".

Mesmo com o advento da República e a suposta laicidade do Estado, as religiões de matriz africana foram perseguidas pela repressão do Estado e duramente reprimida como vimos. Apesar da suposta liberdade religiosa ser proclamada com o Decreto nº 119-A de 1890 (no mesmo ano, o código penal cria mecanismos legais para combater os chamados "feiticeiros"), demora quase cem anos para que a intolerância religiosa se torne crime, a partir da Lei nº 7.716, conhecida como "Lei Caô", de 5 de janeiro de 1989.

Os números demonstram que a prática de violência contra terreiros e seus frequentadores não são exceções, mas sim uma regra crescente em um país que pinta as religiões ligadas à África como maléficas e satânicas. Entre 2011 e 2017, as denúncias de discriminação por motivo religioso no Brasil cresceram de 15 para 537. Quase 60% dos casos de intolerância religiosa contra adeptos de religiões de matriz africana foram registrados no Rio de Janeiro (117), São Paulo (95), Bahia (56) e Minas Gerais (51). Cerca de 59% das vítimas eram negras e 53%, mulheres.

Esses números foram levantados pelo portal jornalístico *Gênero e Número* e o *Data*

Labe, tendo como base denúncias realizadas pelo Disque 100, um canal criado em 2011 pela então Secretaria de Direitos Humanos da Presidência da República.

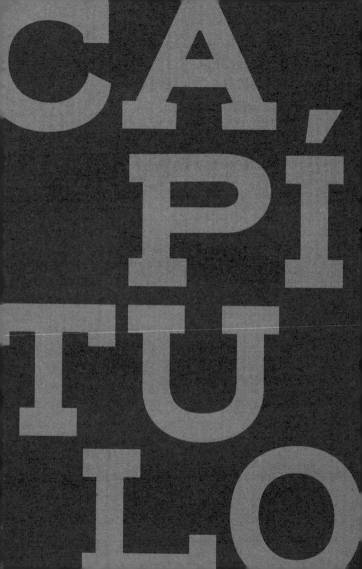

O DEBATE SOBRE AS COTAS

É possível reparar o que aconteceu no passado? A resposta lógica é não. No entanto, se ações passadas têm efeitos no presente e no futuro, estas sim podem ser reparadas ou, pelo menos, ter o impacto diminuído. Esta é a síntese por trás do conceito de reparação histórica, que não é uma bandeira apenas dos movimentos negros no Brasil, mas dos povos indígenas, das nações colonizadas pela Europa e por povos que sofreram genocídio.

Essas ações buscam minimizar os efeitos de ações de extermínio de um povo ou de uma cultura. Seja a devolução de artefatos histórico-religiosos roubados, que, por exemplo, vem sendo demandada por governos africanos a nações colonizadoras, como o Reino Unido e a França. Ou por um pedido de desculpas, como o que Papa Francisco, líder da Igreja Católica, fez pela violência praticada por décadas em internatos católicos aos povos autóctones canadenses. Ou pela via financeira, sendo o caso mais conhecido o da Alemanha, que criou um fundo para organizações judaicas pelos terrores cometidos durante o Holocausto.

No Brasil, foram instituídas indenizações do Estado às vítimas e familiares dos anos de ditadura militar. Na Argentina e no Chile, os militares foram julgados por suas ações, tendo sido responsabilizados por milhares de mortes, desaparecimentos e sessões de tortura.

Em 2022, a vice-presidente da Colômbia, Francia Marques, primeira mulher negra a ocupar o cargo, propôs o perdão da dívida externa de países que sofreram com o colonialismo e o comércio transatlântico de escravizados. "O colonialismo moveu esse sistema econômico e trouxe o planeta para onde está hoje, a este modelo econômico. [...] A ideia é colocar a discussão sobre o cancelamento da dívida externa em nossos países. [...] Seria em termos econômicos, troca da dívida externa por reparação histórica."

A ideia de reparação histórica por fins financeiros foi trazida a público no Brasil em 1995, quando o Núcleo de Consciência Negra (NCN) da USP lançou a campanha "Eu também quero o meu", que visava o envio de um projeto de lei que indenizaria cada descendente de pessoas negras escravizadas com 102 mil dólares, cerca de um milhão de reais em valores atualizados. No mesmo ano, o então deputado do PT pelo Rio Grande do Sul, Paulo Paim, protocolou o projeto na Câmara. No entanto, o mesmo foi tirado de tramitação em 2001.

Desde então, as políticas afirmativas e, dentre elas, as cotas raciais em universidades públicas e concursos públicos, vêm sendo objeto de debate como modelos de reparação histórica para o povo negro que, como já vimos, foi alijado de qualquer meio de ascensão social por conta de sua cor.

Políticas afirmativas

Podemos definir as políticas afirmativas como um grupo de políticas públicas voltadas às populações discriminadas por características como cor, gênero e religião. Não se trata de um conceito novo, tendo aparecido em documentos do Estado norte-americano dos anos de 1930. E, de acordo com a promotora de justiça Lívia Sant'anna Vaz, em seu livro *Cotas Raciais*, foram implantadas na Índia nos anos de 1950 para reparar o preconceito contra as castas consideradas inferiores.

Políticas desse tipo estabelecem critérios que busquem reconhecer as diferenças existentes entre os grupos sociais. O objetivo é diminuir as desigualdades históricas que alguns grupos sociais vivem. No Brasil, populações negras, indígenas e pobres são o foco dessas políticas há quase vinte anos.

Como já indicamos anteriormente, ao longo da história do Brasil, há um legado de afastamentos e proibições para pessoas negras. O Estado proibiu que escravizados negros estudassem. Em 1850, negros foram proibidos de ter terras e, no final do século XIX, foram substituídos como mão de obra por imigrantes brancos, a quem o mesmo Estado ofereceu terra e educação.

A ideia nunca foi integrar o negro, e sim deixá-lo à míngua, fazer com que os meios de vida atrofiassem até que esta não existisse. Essa herança se perpetua até os dias de hoje; basta olhar de qual cor são as pessoas que vivem nas moradias mais precárias, que ganham os menores salários, que menos têm estudo. Dos cargos públicos políticos a diretores de grandes empresas, o problema é latente. Vivemos em uma sociedade hierarquizada pela cor de pele, e é justamente isso que políticas afirmativas visam corrigir.

Há uma lei do período da ditadura, conhecida como "Lei do Boi", que é reconhecida por alguns historiadores como a primeira tentativa de política afirmativa, ainda que não fosse ligada à racialidade. Esta lei garantia uma cota para agricultores e seus filhos nas escolas agrícolas, 30% para o ensino médio e 50% para ensino superior.

Já a jurista Lívia Sant'Anna Vaz estabelece o Decreto nº 20.291, de 19 de agosto de 1931, como a primeira ação afirmativa do Brasil. Ele determinava que empresas multinacionais deveriam ter dois terços de trabalhadores brasileiros em seus quadros. Outros especialistas apontam o apoio aos imigrantes no século XIX como as primeiras práticas de ações afirmativas, pois o Estado garantiu a essa população os meios para sobreviver e formas de se integrar à sociedade.

No entanto, políticas relacionadas a questões raciais são bem mais recentes. A primeira tentativa legal foi o projeto de

Lei nº 1.332, de 1983, do então deputado Abdias Nascimento. A iniciativa buscava "ação compensatória, visando à implementação do princípio da isonomia social do negro, em relação aos demais segmentos étnicos da população brasileira".

A proposta de Nascimento incluía: reserva de 20% de vagas para mulheres negras e 20% para homens negros na seleção de candidatos ao serviço público; bolsas de estudos; incentivos às empresas do setor privado para a eliminação da prática da discriminação racial; a orientação antirracista dos policiais militares e civis, federais e estaduais; incorporação da imagem positiva da família afro-brasileira ao sistema de ensino e à literatura didática e paradidática, bem como introdução da história das civilizações africanas e do africano no Brasil, além de inclusão do quesito cor/raça ou etnia em todas as pesquisas censitárias do IBGE. O projeto foi arquivado em 1989 por falta de votação no plenário da Câmara.

Ao longo da década de 1990, provocado por ações contundentes do movimento negro, o Estado passa a admitir as desigualdades raciais históricas pelo qual foi responsável e a pensar formas de minimizá-las. Conforme aponta a socióloga Sabrina Moehlecke no texto "Ação afirmativa: história e debates no Brasil", em 1996, é lançado o Programa Nacional dos Direitos Humanos (PNDH), cujo objetivo é "desenvolver ações afirmativas para o acesso dos negros aos cursos profissionalizantes, à universidade e às áreas de tecnologia de ponta", "formular políticas compensatórias que promovam social e economicamente a comunidade negra" e "apoiar as ações da iniciativa privada que realizem discriminação positiva".

Apesar dos esforços, nenhuma ação afirmativa foi colocada em prática pelo governo ou aprovada e/ou promulgada no Congresso ao longo dos anos 1990. Foi apenas no começo do novo milênio, e de forma tímida, que atos administrativos passam a estabelecer cotas em ministérios como o da Justiça e do Desenvolvimento Agrário.

O ano de 2001 foi marcante nesse sentido, pois nele foi realizada a Conferência de Durban, na África do Sul, evento da ONU voltado para a discussão de temas como racismo, xenofobia e questões afins, e seus impactos na contemporaneidade.

Com 173 países presentes, incluindo o Brasil com a maior delegação da conferência, foi produzida uma declaração e

Agora tudo é racismo?

um programa de ação que primava pela adoção de "medidas especiais para lograr representação apropriada nas instituições de ensino, na moradia, nos partidos políticos, nos parlamentos e no emprego, em particular em órgãos judiciais e policiais, no Exército e outros serviços civis, o que, em alguns casos, pode exigir reformas eleitorais, reformas agrárias e campanhas em prol da participação equitativa".

É na Conferência de Durban que, pela primeira vez, o governo brasileiro admite internacionalmente a existência de desigualdades raciais e se compromete com o enfrentamento destas. Para Lívia Sant'Anna Vaz, o evento "foi determinante para inaugurar uma concepção mais consistente da ação afirmativa como instrumento de redução das desigualdades raciais no Brasil".

Um dos mais destacados marcos legais voltados para as ações afirmativas é o Estatuto da Igualdade Racial, promulgado em 2010, ou a Lei nº 12.228, de 2010. Ele busca "garantir à população negra a efetivação da igualdade de oportunidades, a defesa dos direitos étnicos individuais, coletivos e difusos e o combate à discriminação e às demais formas de intolerância étnica". O texto define ação afirmativa como "os programas e medidas especiais adotados pelo Estado e pela iniciativa privada para a correção das desigualdades raciais e para a promoção da igualdade de oportunidades".

Em 2013, na 43ª Sessão Ordinária da Assembleia Geral da Organização dos Estados Americanos (OEA), ocorrida na Guatemala, o Brasil assinou a Convenção Interamericana contra o Racismo, a Discriminação Racial e

Formas Correlatas de Intolerância. A importância deste texto está no fato de que, de acordo com o parágrafo 3 do artigo 5° da Constituição Federal, tratados e convenções que tenham sido aprovados pelo Congresso Nacional por três quintos dos votos possuem peso de texto constitucional no Brasil. Isso significa que, com sua passagem pelo Legislativo, o texto ganha o peso constitucional, passando a vigorar como lei máxima do país.

Em seu artigo 5°, o Brasil, ao ratificar a convenção, comprometeu-se "a adotar as políticas especiais e ações afirmativas necessárias para assegurar o gozo ou exercício dos direitos e liberdades fundamentais das pessoas ou grupos sujeitos ao racismo, à discriminação racial e formas correlatas de intolerância, com o propósito de promover condições equitativas para a igualdade de oportunidades, inclusão e progresso para essas pessoas ou grupos".

Em 2020, após uma provocação da deputada federal Benedita da Silva, o TSE definiu que os repasses do Fundo Eleitoral a negros e mulheres passariam a valer em dobro na hora de calcular a distribuição dos recursos, e que a separação de tempo de propaganda eleitoral gratuita no rádio e na TV seria proporcional ao número de candidaturas negras por partidos.

Com a medida, nas eleições de 2022, pela primeira vez, o número de candidatos autodeclarados pretos e pardos superou o de brancos. Foram 14.015 candidaturas negras e 13.814 brancas. Entretanto, conforme o jornal *O Globo* chamou atenção, 547 deixaram de se declarar brancos e passaram registrar a candidatura como pardos, o que pode sugerir duas coisas: a primeira que, assim como acontece com a população brasileira, cada vez mais as pessoas tomam conhecimento de seu pertencimento racial e passam a se identificar com parte da negritude, ou, a segunda, que é preciso buscar evitar desvios na implementação de políticas de ações afirmativas por parte da branquitude, a exemplo do que já acontece em universidades e instituições públicas que constituíram comissões de heteroidentificação para garantir que as vagas destinadas à população negra sejam efetivamente ocupadas por ela.

Cotas: o que são e por que são necessárias

Como já foi salientado, cotas raciais fazem parte das políticas afirmativas. São reservas de vagas em instituições públicas e/ou privadas destinadas à população negra com o objetivo de incluir mais pessoas negras em universidades, escolas e instituições públicas.

A promotora Lívia Sant'Anna Vaz, em seu livro, relembra que se fazem necessárias essas ações públicas, pois "os altos níveis de escolaridade se mantêm ao longo dos séculos como acúmulo de privilégios hereditariamente transmitidos no interior do mesmo grupo étnico-racial, em detrimento da estagnação imposta aos grupos raciais vulnerabilizados, notadamente a população negra".

Como já vimos, o conceito de leis e dispositivos do Estado para reservar vagas não é novidade no Brasil. No entanto, é apenas em 2001, ou seja, 113 anos depois da abolição, que temos a primeira política de cotas voltada para a população negra. Foi nesse ano que a Universidade do Estado da Bahia (UNEB)

Agora tudo é racismo?

começou a reservar 40% de suas vagas nos cursos de graduação e pós-graduação a estudantes que se declarassem pretos ou pardos. Entre as instituições ligadas ao governo federal, a primeira a adotar a reserva de vaga foi a Universidade de Brasília (UnB), que destinava 20% das vagas a essa população.

Aos poucos, cada instituição de ensino foi instaurando seu sistema de cotas sem que houvesse padronização, ou seja, cada uma definia suas regras. Essas adoções geraram muita polêmica, assim como tudo o que é destinado às minorias políticas no Brasil. Tanto que, em 2009, o partido Democratas entrou com uma ação no STF questionando a legitimidade do regime de cotas raciais adotado pela UnB. O partido comparou as ações afirmativas com o racismo institucionalizado do apartheid sul-africano.

Em um julgamento histórico realizado em 2012, os ministros votaram por unanimidade pela constitucionalidade das cotas. À época, o relator da ADPF 186 (Arguição de Descumprimento de Preceito Fundamental), Ricardo Lewandowski, afirmou: "Se a raça foi utilizada para construir hierarquias, deverá também ser usada para desconstruí-las".

No mesmo ano, uma lei especifica de cotas foi promulgada pela então presidenta Dilma Rousseff. O texto da Lei nº 12.711, de 2012, estabelece no mínimo 50% de vagas nas universidades federais e nos institutos federais de educação, ciência e tecnologia para estudantes que tenham cursado integralmente o ensino médio em escolas públicas.

Dentro desse percentual, 25% das vagas deveriam ir para estudantes oriundos de famílias com renda per capita igual ou inferior a 1,5 salário-mínimo. Com relação a pessoas pretas, pardas, indígenas ou com deficiência, a lei define que a reserva de vagas deve ser feita, dentro dos 50%, "no mínimo, igual à proporção desses grupos na população da unidade da federação em que estão instaladas as instituições, segundo o último censo do IBGE".

É importante ressaltar de forma crítica, como o faz Lívia Sant'Anna Vaz, que "não há, na legislação brasileira, cotas exclusivamente raciais para acesso a universidades públicas". Em termos de proporcionalidade, as cotas são socioeconômicas, uma vez que voltadas prioritariamente para estudantes de escola pública e pessoas de baixa renda. Dentro desse universo, a partir da proporção da população negra de acordo com o IBGE, ficam estipuladas as vagas voltadas para essa população.

Nesse sentido, uma pessoa negra que tenha sido bolsista em escola particular não tem direito, enquanto uma pessoa branca que tenha passado pelo sistema público educacional, mesmo gozando dos privilégios de sua cor, tem acesso a essa política que, em tese, deveria ser de enfrentamento ao racismo. Resumindo, as cotas foram descaracterizadas de seu sentido original, diminuindo as possibilidades das populações negras.

Ainda assim, não podemos ignorar que houve mudanças nos quadros universitários. De acordo com o Consórcio de Acompanhamento de Ações Afirmativas, o número de alunos pretos e pardos nas universidades públicas saltou de 31% em 2001 para 52% em 2020. Estudos publicados pelo grupo no *Nexo Jornal* demonstram que as notas de alunos cotistas de diferentes universidades públicas não possuem grandes diferenças em relação aos alunos não cotistas.

A pesquisa "Avaliação das políticas de ação afirmativa no ensino superior no Brasil: resultados e desafios futuros" apontou que, entre 2013 a 2019, o ingresso de estudantes vindos de escolas públicas, pretos, pardos ou indígenas e de baixa renda teve aumento de 205%. Entre aqueles que possuíam apenas a passagem pelo ensino público e fazem parte de algum dos grupos raciais incluídos na Lei de Cotas, o aumento foi de 147%.

O estudo ainda analisou os números da evasão, ou seja, daqueles estudantes que desistiram do curso em algum momento. As taxas de evasão de cotistas e não cotistas no primeiro ano do curso são equiparáveis.

Ainda assim, um dos maiores desafios apresentados pelos cotistas é manter-se na universidade. Afinal, não basta apenas o ingresso, é preciso pensar no deslocamento, na moradia, no material, na alimentação, ou seja, nas condições necessárias para a permanência no ensino superior, visto que, em alguns casos, tratam-se de cursos em horário integral — ou que demandam dedicação integral — e que impedem que o aluno tenha um emprego para custear sua vida acadêmica e subsistência.

Além do processo seletivo para o ensino universitário público, desde 2014 os concursos públicos federais passaram a reservar 20% das vagas a negros, excetuando quando o número de vagas oferecidas for menor do que três. Ainda que recente, o Instituto de Pesquisa Econômica Aplicada (Ipea) já demonstrou que isso também tem dado frutos. No Executivo Federal, por exemplo, em 2013, 32,1%

Agora tudo é racismo?

eram negros; em 2020, seis anos após as cotas, o índice saltou para 43,5%. Quanto aos estados e municípios, o STF decidiu em 2017 que não estão submetidos à lei federal e que cabe a cada um fazer sua própria regra.

Até o momento, só falamos em instituições do Estado como promotoras de políticas de ação afirmativa. No entanto, algumas instituições privadas estão adotando o sistema de cotas em seus processos seletivos. É importante lembrar que não existe lei que exija que instituições e empresas privadas adotem ações afirmativas. Mas algumas são persuadidas pela pressão de movimentos sociais, opinião pública e até investidores estrangeiros.

O caso mais notório de empresa a adotar medidas compensatórias foi da varejista Magazine Luiza, que anunciou, em 2020, um programa de *trainee* voltado apenas para negros. A decisão gerou reação de parte da Defensoria Pública da União, que entrou com uma ação para barrar o programa. O argumento era que "não se trata de programa de cotas, mas de seleção exclusivamente baseada na cor da pele". A Justiça do Trabalho, entretanto, decidiu em 2022, não dar continuidade à ação por entender que o Estado "prevê a possibilidade de adoção das ações afirmativas, tanto pelo poder público quanto pela iniciativa privada, com o propósito de promover condições equitativas para a igualdade de oportunidades, inclusão e progresso para pessoas ou grupos sujeitos ao racismo".

Seja no setor público ou no privado, o sistema de cotas não está imune a fraudes, assim como nenhuma política pública. Desde o início da ação, pessoas que socialmente são identificadas como brancas, gozando, portanto, das vantagens do pertencimento à branquitude, passaram a se declarar negras para acessar essa política. Como escreveu Lívia Sant'Anna Vaz, "essa experiência [...] revela uma característica essencial do racismo à brasileira que, mesmo sendo estrutural, mostra-se também dinâmico, performando novas estratégias de manutenção dos privilégios raciais da branquitude, a cada passo dado rumo à construção de justiça racial".

Mitos contra as cotas

1. Não é inconstitucional?

Entre os argumentos contrários às cotas, é comum invocarem o artigo 5° da Constituição Federal, que afirma que todos são iguais perante a lei. Cabe aqui, no entanto, uma distinção entre igualdade formal, aquela da lei, e desigualdade material, encontrada na vida social. Não é mais aceitável que se trate como iguais aqueles que são desiguais. Esse é o entendimento jurídico sob o qual se ancoram as políticas públicas de ação afirmativa e o que deu base para que o Brasil aprovasse a Convenção Interamericana contra o Racismo como texto constitucional.

Vale relembrar que no artigo 5° da Convenção, o Brasil se compromete a usar ações afirmativas para reparar os efeitos do racismo nas estruturas do poder. Logo, políticas afirmativas estão garantidas pela Constituição. Também vale lembrar que, antes disso, o STF, órgão especializado na Constituição, decidiu pela constitucionalidade das ações afirmativas em 2012. "Ações afirmativas se definem como políticas públicas voltadas à concretização do princípio constitucional da igualdade material à neutralização dos efeitos perversos da discriminação racial, de gênero, de idade, de origem", disse o então ministro do STF, Joaquim Barbosa, último negro a ocupar a mais alta corte judicial do país.

2. Mas e a meritocracia?

O argumento comum é: cotas raciais geram preconceito contra pessoas de todas as origens, que gostariam de ser julgadas pelo seu mérito e não pela cor da sua pele. Entretanto, para a competição de fato ser justa, todas as pessoas deveriam sair dos mesmos pontos de partida e isso não é o que acontece. Logo, as cotas desigualam para igualar, buscando oferecer oportunidades a quem não teve as mesmas condições de acesso à educação e ao mercado de trabalho.

De acordo com um estudo realizado em 2022 por pesquisadores da Universidade de Stanford, nos Estados Unidos, a Lei de Cotas no Brasil tem sido eficiente e ajudado a reduzir desigualdades socioeconômicas. "Os dados mostram uma maior igualdade no acesso ao ensino superior em várias dimensões, tais como renda, raça e tipo de escola — pública *versus* privada. A redução na desigualdade foi especialmente significativa em cursos tradicionais e mais concorridos, como medicina", afirmou o brasileiro Cauê Dobbin, um dos responsáveis pelo levantamento.

3. Melhoria do sistema de ensino público

As cotas não são uma totalidade, e sim parte de uma política pública mais ampla, afinal, existem outros diversos problemas, como a evasão escolar de pessoas negras que precisam trabalhar muito jovens para poder auxiliar na renda de casa.

A Universidade Federal de Minas Gerais (UFMG) pontuou, em uma publicação no site da instituição, que "é um grande erro pensar que, no campo das políticas públicas democráticas, os avanços se produzem por etapas sequenciais: primeiro melhora-se a educação básica e depois se democratiza a universidade. Ambos os desafios são urgentes e precisam ser assumidos enfaticamente de forma simultânea".

Isso significa que se trata da frente de uma grande batalha para que toda a rede de ensino público tenha a qualidade que queremos. É preciso pensar, entretanto, que ações afirmativas como as cotas têm resultados mais rápidos enquanto acontecem melhorias no sistema público, que podem levar algumas gerações para surtirem efeito.

4. Piora da qualidade

Esse argumento tem como base a crença na inferioridade das pessoas negras, que não seriam capazes ou qualificados para ocupar as posições geralmente ocupadas pelos brancos.

Mas vale destacar que os estudos relacionando às notas de cotistas e não cotistas derrubam esse argumento. Diferentes levantamentos feitos com dados da Universidade Federal da Bahia (UFBA), Universidade Federal de Minas Gerais (UFMG) e Universidade Estadual Paulista (Unesp) apontam que, apesar do início desvantajoso por conta das carências do ensino público, o desempenho de cotistas é semelhante ao de não cotistas ao longo da graduação.

5. Raça não existe para humanos

Raça é uma categoria social e política que ainda impacta a vida de milhões de pessoas. O fato de a ciência ter refutado a existência de raças biológicas e passado a considerar o racismo científico como uma pseudociência, não significa que a ideologia da supremacia branca tenha sido superada.

Sobre isso, a promotora Lívia Sant'Anna Vaz afirma que: "enquanto a raça operar como fator que interfere na distribuição de bens, direitos, status e poder, o Estado deve continuar a considerá-la para fins protetivos e promocionais dos direitos dos grupos raciais vulnerabilizados".

5

SIM, É RACISMO!

A linguagem não é neutra, ou seja, há sempre uma intenção no que se diz, nas entrelinhas, e o racismo se embrenhou nisso também, como veremos neste capítulo. O racismo está há tanto tempo entre nós que, a cada geração, ele toma uma nova forma. Há expressões ou atitudes que podem até parecer inocentes, mas estão carregadas de racismo. É uma longa batalha para ir minando cada atitude, reconhecendo quando se cometeu uma delas e buscando se corrigir sempre.

Uma análise profunda das atitudes pode ajudar você a ver o que talvez seus conhecidos negros sejam muito legais para falar diretamente — afinal, concorda que é cansativo toda hora ficar corrigindo alguém? A "dica" geral é: quando não souber o que fazer, use a empatia. Coloque-se no lugar da outra pessoa.

1. "Eu até tenho um amigo/parente que é negro"

Ter um amigo ou familiar negro não faz ninguém ser menos racista. Repita isso como um mantra e use nos almoços de família com aquele parente racista. Não existe um tipo de "passe" ou regra que afirme isso.

No Brasil, pessoas de diferentes raças sempre conviveram. Não houve aqui uma separação como nos Estados Unidos ou no apartheid da África do Sul. Então, é razoável supor que brancos e negros convivam e estabeleçam relações entre si. Isso não muda a probabilidade de um branco se beneficiar das vantagens da branquitude nem mesmo de que vá discriminar pessoas negras e de outras raças no seu cotidiano. Uma pessoa branca pode ser racista a qualquer momento, mesmo sendo melhor amiga de uma pessoa negra.

2. Usar um amigo negro como "Pretopédia" ou para confirmar que não é racista

A internet contém um vasto acervo de informação. Dessa forma, não é necessário perguntar a todo instante para uma pessoa negra o que está certo ou errado, ou ainda se você foi racista em determinada situação, o que é branquitude etc. Pesquise, leia, siga pessoas negras militantes nas redes sociais e aprenda a se desconstruir.

3. Tocar no cabelo porque é exótico/diferente

Ninguém toca, admirado e chocado, em um cabelo liso, certo? Por que seria adequado fazer o mesmo quando é um cabelo crespo *black power*, tranças ou qualquer outro tipo de penteado? Um cabelo crespo não é uma atração de circo com figuras exóticas. Você pode e deve admirar a beleza, mas sem fazer disso algo constrangedor para a pessoa. Na dúvida, vale a velha máxima: trate a pessoa como você gostaria de ser tratado.

4. Suspeitar de uma pessoa negra só porque ela tem um objeto caro

Um relógio de marca. Um smartphone de última geração. Uma roupa de grife. Esses itens não são exclusividade da branquitude.

A suspeita que um carro de luxo dirigido por um negro é roubado vem justamente da manifestação do privilégio branco. Essa reação simboliza que aquele objeto pertence a determinado padrão de vida que não condiz com a ideia mental de que uma pessoa negra pode tê-lo, como se essa pessoa não tivesse a capacidade intelectual e laboral de adquirir e possuir bens. Atitudes como essa já levaram pessoas negras para a delegacia acusadas de furtarem algo que era delas. Há casos de pessoas negras mortas por isso.

5. "Ele(a) não é negro(a), ele(a) é bonito(a), moreno(a)..."

Essa frase dá a ideia de que ser negro é feio, ofensivo. Mais uma vez, vemos a hierarquização racial na qual o que é branco ou mais próximo do branco é tido como bonito, a beleza universal. Do contrário, é feio. Mas, na verdade, a beleza independe da cor da pele.

6. Achar que é frescura

Se algo produz a subalternização ou a morte de pessoas, não é frescura. O racismo separa quem é apto, digno, aceitável e quem não o é com base na cor e nos estigmas criados para desumanizá-la. Quando uma pessoa denuncia uma prática ou ato racista não está fazendo "mimimi". Há pessoas, literalmente, morrendo por conta do racismo.

7. Dizer que o mundo está ficando chato porque não pode fazer "piada" sobre negros

O mundo não está ficando mais chato. Ele está cada vez mais consciente de que atitudes do passado em relação aos negros, mulheres, pessoas LGBTQIAPN+ não são mais aceitáveis em nossa atual sociedade. Não é porque algo do passado foi perpetuado durante anos que está certo. As pessoas não tomavam banho na Europa medieval, por exemplo. Isso significa que o mundo ficou mais chato porque temos de tomar banho? Pense nisso.

E nunca é demais lembrar que quem reproduz expressões e "brincadeiras" racistas comete crime e deve ser responsabilizado.

8. Ouvir Beyoncé ou qualquer outro artista negro não faz alguém antirracista

Isso deveria ser óbvio, mas aparentemente não é. Admirar o trabalho e a trajetória de um artista negro, seja ele brasileiro ou estrangeiro, não faz com que você seja o mais novo membro do clube antirracista. Ser verdadeiramente antirracista passa por defender uma sociedade que não seja estruturada em uma hierarquização racial, na qual nenhuma vida valha menos do que a outra.

9. Ficar surpreso ao ver uma pessoa negra culta

Mais uma vez, fica latente que há um pensamento que duvida da capacidade intelectual das pessoas negras. Obviamente, há negros excepcionais em diversas categorias do pensamento ou das ciências humanas, exatas e biológicas.

A diferença é que essas pessoas foram invisibilizadas ao longo dos séculos, mas elas sempre estiveram criando, pensando, ousando, inovando, contribuindo. Mesmo porque ser capaz de sobreviver em uma sociedade tão racista como esta em que vivemos não é para qualquer um.

10. Achar que todo negro tem que fazer as mesmas coisas

Achar que uma pessoa negra precisa saber sambar, ser do candomblé ou seja lá qual for outra característica considerada como típica de pessoas negras é colocar em uma caixinha e limitar uma vasta diversidade de povos e experiências. Nem todo negro sabe jogar futebol, há alguns — pasme — que nem gostam desse esporte. Nem toda negra sabe ou gosta de sambar e isso não faz dela uma mulher menos negra, ok?

11. Vidas brancas importam

Aqui vale uma necessária aula de interpretação de texto: de qual forma a frase "vidas negras importam" exclui a vida de pessoas brancas? Não está escrito "vidas negras importam mais". Essa expressão reivindica a humanização das pessoas negras que diariamente têm suas vidas e formas de sobrevivência ameaçadas. Não se trata de hierarquizar negros acima de brancos, mas chamar a atenção para a constante violência praticada contra corpos negros.

Desconstruindo o vocabulário racista

Há uma história e uma intenção em tudo o que dizemos. Então, preparamos uma lista de palavras e expressões para você tirar o racismo do seu vocabulário.

A coisa tá preta: Expressões desse tipo colocam os pretos ligados a questões negativas. No lugar, use "A coisa tá difícil".

A dar com pau: Era a forma de alimentar à força escravizados que faziam greve de fome. Usava-se um pau para forçar a alimentação. É melhor usar "muito" ou "bastante".

Dia de branco: A expressão liga brancos ao trabalho e negros à preguiça. Logo, é melhor dizer que é dia de trabalho mesmo.

Boçal: Assim eram chamados os escravizados que não sabiam falar português. Use "ignorante" ou "grosseiro" como alternativas.

Cabelo ruim/duro/bombril: Para deixar explícito, o cabelo crespo não é nenhuma dessas coisas, ele é apenas crespo.

Crioulo(a): Termo que designava descendentes de pessoas escravizadas, ou seja, quem não nasceu livre; está impregnada de preconceito e deve ser abandonada.

Cor do pecado: Suposto elogio que acaba por hipersexualizar corpos negros. Vem de um período no qual corpos de mulheres negras eram violados por senhores brancos.

Deixar claro, esclarecer ou clarificar: Termos que dão a entender que a cor branca está ligada ao entendimento de algo. Transmite a ideia de que apenas a branquitude, a claridade pode elucidar, enquanto a dúvida e o desconhecimento são territórios das coisas negras. Melhor usar "explicar" ou "explicitar", "deixar nítido" ou "deixar evidente".

Denegrir: Mais um termo que associa o que é negro a um viés negativo. É utilizado como sinônimo de "manchar", "macular", "difamar" ou "caluniar".

Doméstica: Deriva do termo "domesticado", algo que foi amansado ou dominado. Carrega o peso das torturas praticadas com o objetivo de tornar as escravizadas aptas ao serviço de casa. Use funcionária ou faxineira.

Agora tudo é racismo?

Escravo(a): O termo trata os africanos como passivos e desprovidos de subjetividade. Os africanos que vieram para o Brasil eram pessoas, reis, rainhas, camponeses, homens e mulheres escravizados contra a sua vontade. A alternativa é "escravizado(a)".

Estampa étnica: Tudo aquilo que foge do padrão europeu branco, taxando de exóticas as outras culturas. Use a padronagem por sua origem como estampa africana ou indígena, buscando ser o mais específico possível.

Feito nas coxas: A origem mais aceita para essa expressão é a de que as coxas dos escravizados eram usadas como forma de telhas, assim, diferentes corpos deixavam os objetos com diferentes formatos. O termo ficou relacionado à algo feito com descuido ou malfeito, que são as melhores opções para substituir o termo.

Índio: Termo genérico que não considera as especificidades que existem entre os povos originários, desrespeitando sua presença anterior à colonização. Prefira "indígena", "povos originários" ou mesmo o nome do povo como Yanomami, Pataxó, dentre outros.

Inveja branca: Tentativa de canonizar a inveja, camuflando-a com a branquitude ao dar a entender que a inveja "má" é negra. Melhor usar "inveja boa", não acha?

Cor de pele/nude: Geralmente designa a cor puxada para o rosa-claro, ou seja, um dos tons de pele branca. O batom nude é nude para quem? Para quem tem aquela cor. Assim, use o nome da cor: bege, marrom etc.

Lista negra, mercado negro ou ovelha negra: De novo termos que colocam como negativo, ilegal ou inferior tudo o que é negro. Lista proibida, mercado clandestino e pessoa ruim são alternativas.

Macumba: Palavra que tenta simplificar toda uma religião, pois é usada para falar desde a prática até as oferendas. Se está se referindo à religião, pode ser utilizado "religião de matriz africana", "religião afro-brasileira" ou o nome como candomblé, umbanda etc. Quer falar sobre as oferendas? Você pode utilizar ebó (candomblé) ou despacho (umbanda).

Moreno(a): Forma alternativa e amenizada de chamar alguém de negro. Negro não é pejorativo, e sim uma identidade. Na dúvida, chame pelo nome ou pergunte como a pessoa prefere ser descrita.

Mulato(a): Significa "mula", que é o cruzamento entre um asno macho e uma égua. Mulatos eram os frutos de relacionamentos — nem sempre consensuais — entre um branco e uma escravizada negra. Use "negro(a)".

Não sou tuas nega: Denota a posse dos senhores brancos sobre corpos de escravizadas negras, depreciando a mulher.

Negra exótica/de traços finos: Ser exótica ou de traços finos é uma forma racista de tentar "atenuar" a negritude. Novamente: não é ofensivo ser negro, independentemente dos traços físicos que a pessoa tiver, ok?

Pé na cozinha/na senzala: Expressão usada para dizer que se tem uma ascendência africana ao relembrar os espaços relegados às pessoas negras enquanto corpos escravizados. Melhor nem usar qualquer expressão do tipo, sobretudo se for para tentar justificar que não pode ser racista por ter ascendência negra.

Preto(a) de alma branca: Seria uma pessoa que tem as características físicas negras, mas que não se comporta como um. Percebeu quão racista é o conceito? Não use.

Programa de índio: Refere-se a uma programação chata ou ruim, como se as atividades dos povos originários fossem inferiores. Use "programa ruim", mesmo.

Samba do crioulo doido: Associa a ideia de bagunça à pessoa negra, referindo de forma racista como crioulo. Por que não usar os termos "confusão" ou "bagunça" de uma vez?

Serviço de preto: Relaciona a atividade de trabalho de pessoas negras ao serviço malfeito, desqualificando uma população que sustenta há séculos a economia nacional. Diga "serviço malfeito" no lugar.

Bibliografia

"A SOLUÇÃO mais fácil era botar o Michael". Os principais trechos do áudio de Romero Jucá. **El País**, 2016. Disponível em: https://brasil.elpais.com/brasil/2016/05/24/politica/1464058275_603687.html. Acesso em: 6 de out. 2023.

7 MINISTROS do STF têm parentes na advocacia. **Poder360**, 2017. Disponível em: https://www.poder360.com.br/justica/7-ministros-do-stf-tem-parentes-na-advocacia/. Acesso em: 6 de out. 2023.

A POLÍCIA militar no Rio de Janeiro. **Olerj**. Disponível em: http://olerj.camara.leg.br/retratos-da-intervencao/a-policia-militar-no-rio-de-janeiro. Acesso em: 9 de out. 2023.

ADORNO, Luís. Abordagem nos Jardins tem de ser diferente da periferia, diz novo comandante da rota. **UOL**, 2017. Disponível em: https://noticias.uol.com.br/cotidiano/ultimas-noticias/2017/08/24/abordagem-no-jardins-e-na-periferia-tem-de-ser-diferente-diz-novo-comandante-da-rota.htm. Acesso em: 9 de out. 2023.

BENEVIDES, Bruna; *et al*. Antra entrega carta sobre população trans negra à representante da CIDH. **Antra Brasil**. Niterói, 2022. Disponível em: https://antrabrasil.org/2022/08/17/antra-entrega-carta-sobre-populacao-trans-negra-a-cidh/ Acesso em: 10 de out. 2023.

BRASIL. [Constituição (1988)]. **Constituição da República Federativa do Brasil de 1988**. Brasília, DF: Presidente da República, [2016]. Disponível em: http://www.planalto.gov.br/ccivil_03/constituicao/constituicao.htm. Acesso em: 10 de out. 2023.

BRASIL. *Lei 10.932, de 10 de janeiro de 2010*. Promulga a Convenção Interamericana contra o Racismo, a Discriminação Racial e Formas Correlatas de Intolerância, firmado pela República Federativa do Brasil, na Guatemala, em 5 de junho de 2013. **Brasília: Diário Oficial da União, 2022**. Disponível em: https://www.planalto.gov.br/ccivil_03/Constituicao/Constituicao.htm#art5%C2%A73. Acesso em: 10 de out. 2023.

BRASIL. *Lei 12.288, de 20 de julho de 2010*. Institui o Estatuto da Igualdade Racial; altera as Leis n°s 7.716, de 5 de janeiro de 1989, 9.029, de 13 de abril de 1995, 7.347, de 24 de julho de 1985, e 10.778, de 24 de novembro de 2003. **Brasília: Diário Oficial da União**, 2013. Disponível em: planalto. gov.br/ccivil_03/_ato2007-2010/2010/lei/l12288.htm. Acesso em: 10 de out. 2023.

CABRAL, Ailim; FERNANDES, Eduardo. Mulheres negras rompem ciclos e saem da invisibilidade do trabalho doméstico. **Correio Braziliense**, 2020. Disponível em: https://www.correiobraziliense.com.br/revista-do-correio/2022/11/5052201-mulheres-negras-rompem-ciclos-e-saem-da-invisibilidade-do-trabalho-domestico.html. Acesso em: 10 de out. 2023.

CAETANO, Bruna. Uma história oral do Movimento Negro Unificado por três de seus militantes. **Brasil de Fato**, 2019. Disponível em: https://www.brasildefato.com.br/2019/04/05/uma-historia-oral-do-movimento-negro-unificado-por-tres-de-seus-fundadores. Acesso em: 6 de out. 2023.

CAMARGO, Roberto. Câncer de mama: sobrevivência de mulheres negras é até 10% menor. **Alma Preta**, 2021. Disponível em: https://almapreta.com.br/sessao/cotidiano/cancer-de-mama-sobrevivencia-de-mulheres-negras-e-ate-10-menor/. Acesso em: 10 de out. 2023.

CAVALLINI, Marta. Com maior taxa de desemprego e menor rendimento, mulheres negras são as mais prejudicadas no mercado de trabalho. **G1 Globo**, 2022. Disponível em: https://g1.globo.com/trabalho-e-carreira/noticia/2022/11/19/com-maior-taxa-de-desemprego-e-menor-rendimento--mulheres-negras-sao-as-mais-prejudicadas-no-merca-do-de-trabalho.ghtml. Acesso em: 10 de out. 2023.

CHADE, Jamil. Movimentos denunciam Brasil na ONU por "racismo estrutural". **UOL**, 2022. Disponível em: https://noticias.uol.com.br/colunas/jamil-chade/2022/10/21/movimentos-denunciam-brasil-na-onu-por-racismo-estrutural.htm. Acesso em: 10 de out. 2023.

CNJ. Perfil Sociodemográfico dos magistrados brasileiros 2018. Disponível em: https://www.cnj.jus.br/wp-content/

uploads/2019/09/a18da313c6fdcb6f364789672b64fcef_c948e694435a52768cbc00bda11979a3.pdf. Acesso em: 6 de out. 2023.

CORREIA, Mariama. " O racismo religioso quer demonizar Exu", diz autor de livro sobre intolerância religiosa. **Pública**, 2022. Disponível em: https://apublica.org/2022/04/o-racismo-religioso-quer-demonizar-exu-diz-autor-de-livro--sobre-intolerancia-religiosa/. Acesso em: 10 de out. 2023.

COTAS no Ensino Superior. **Nexo**, 2021. Disponível em: https://pp.nexojornal.com.br/index/2021/Cotas-2022. Acesso em: 10 de out. 2023.

DULCE, Emilly. Mulher negra trabalha quase o dobro do tempo para obter salário de homem branco. **Brasil de Fato**, 2019 Disponível em: https://www.brasildefato.com.br/2019/11/22/mulher-negra-trabalha-quase-o-dobro-do--tempo-para-obter-salario-de-homem-branco. Acesso em: 10 de out. 2023.

EMERJ. RACISMO RELIGIOSO E O SISTEMA DE JUSTIÇA. Youtube, 2021. Disponível em: https://www.youtube.com/

watch?v=fol3Hn_HxlI. Acesso em: 10 de out. 2023.

FALAVINA, Iraci; GURGEL, Guilherme. O que é racismo religioso e qual seu efeito nas crianças. **NEXO**, 2022. Disponível em: https://www.nexojornal.com.br/expresso/2022/01/21/O-que-%C3%A9-racismo-religioso.-E-qual-seu-efeito-nas-crian%C3%A7as. Acesso em: 10 de out. 2023.

FANJUL, Sergio C. A meritocracia é uma armadilha. **El País**, 2021. Disponível em: https://brasil.elpais.com/economia/2021-07-18/a-meritocracia-e-uma-armadilha.html. Acesso em: 6 de out. 2023.

FILHO, João. Famílias tradicionais dominam a política brasileira. E isso não tem hora pra acabar. **Intercept_Brasil**. Disponível em: https://theintercept.com/2018/09/02/familias-tradicionais-dominam-a-politica-brasileira-e-isso-nao-tem-hora-pra-acabar/. Acesso em: 6 de out. 2023.

FÓRUM Brasileiro de Segurança Pública. A Violência contra Pessoas Negras no Brasil 2022. Disponível em: https://forumseguranca.org.br/wp-content/uploads/2022/11/infografico-violencia-desigualdade-racial-2022.pdf. Acesso em: 9 de out. 2023.

GOMES, Laurentino. *Escravidão – volume 1:* do primeiro leilão de cativos em Portugal até a morte de Zumbi dos Palmares. Rio de Janeiro: Globo Livros, 2019. p. 285.

GONZALES, Lélia. *Por um feminismo Afro-latino-americano.* Rio de Janeiro: Editora Zahar, 2020. p. 80.

GUIMARÃES, Saulo P. Após 75 anos, polícia libera bens que contam origem do candomblé no Rio. **UOL** do Rio, 2020. Disponível em: https://noticias.uol.com.br/cotidiano/ultimas-noticias/2020/08/20/apos-100-anos-policia-devolvera-bens-que-contam-origem-do-candomble-no-rio.htm. Acesso em: 10 de out. 2023.

IBGE indica que analfabetismo cai menos entre maiores de 15 anos. **G1**, 2011. Disponível em: https://bit.ly/3Qk0SzQ. 9 de out. 2023.

Inclusão social: um debate necessário?. Universidade Federal de Minas Gerais. Disponível em: https://www.ufmg.br/inclusaosocial/?p=53. Acesso em 10 de out. 2023.

INSTITUTO ID_BR. Descubra o que é Jogo do Privilégio

Branco. Disponível em: https://simaigualdaderacial.com. br/site/mergulhe_no_tema/vantagem-racial-jogo-do-privilegio-branco/. Acesso em: 6 de out. 2023.

INSTITUTO ID_BR. O que é privilégio branco?. Disponível em: https://simaigualdaderacial.com.br/site/o-que-e-privilegio-branco-entenda/. Acesso em: 6 de out. 2023.

JORGE, Marcos. Desempenho de cotistas é igual ao dos demais alunos na Unesp. **Unesp**, 2021. Disponível em: https://www2.unesp.br/portal#!/noticia/36309/desempenho-de-cotistas-e-igual-ao-dos-demais-alunos-na-unesp

LIMA, Maria Batista. Os desafios para as Mulheres Negras na docência na universidade pública. **ADUFS Seção Sindical**, 2021. Disponível em: https://adufs.org.br/conteudo/2072/os-desafios-para-as-mulheres-negras-na-docencia--na-universidade-publica#:~:text=O%20referido%20estudo%20aponta%20que,do%20corpo%20docente%20no%20pa%C3%ADs. Acesso em: 10 de out. 2023.

LUCAS, Elizabeth Silva Ribeiro; MONTEIRO, Millena Gonçalves. "Nas margens do mundo livre: anti-vadiagem, punição e relações de trabalho do mundo lusófono no contexto da abolição e do pós-abolição. In: **XIX Encontro de História da Anpuh-Rio**, 2020. Rio de Janeiro: Anpuh, 2020. Disponível em: https://www.encontro2020.rj.anpuh.org/resources/anais/18/anpuh-rj-erh2020/1600224585_ARQUIVO_c6b3d8f8b65ae435914e634573e37084.pdf. Acesso em: 9 de out. 2023.

MACHADO, Leandro. Luiz Gama: A desconhecida ação judicial com que advogado negro libertou 217 escravizados no século 19. **BBC NEWS Brasil**, 2021. Disponível em: https://www.bbc.com/portuguese/brasil-57014874. Acesso em: 6 de out. 2023.

MACHADO, Uirá. Mulheres negras são minoria da minoria no Judiciário brasileiro. **Folha de S. Paulo**, 2022. Disponível em: https://www1.folha.uol.com.br/poder/2022/02/mulheres-negras-sao-minoria-da-minoria-no-judiciario-brasileiro.shtml. Acesso em: 10 de out. 2023.

MAIA, Flora P.; KARRUZ, Ana Paula. Notas de cotistas e não cotistas da UFMG são menos desiguais que pontuação no Enem. **Nexo Políticas Públicas**, 2022. Disponível em: https://pp.nexojornal.com.br/opiniao/2022/Notas-de-cotistas-e-n%C3%A3o-cotistas-da-UFMG-s%C3%A3o-menos-desiguais-que-pontua%C3%A7%C3%A3o-no-Enem. Acesso em: 10 out. 2023.

MAIS da metade dos candidatos aos cargos das Eleições 2022 se autodeclarou negra. **Tribunal Superior Eleitoral**, 2022. Disponível em: http://bit.ly/3Q2bVwr. Acesso em: 9 de out. 2023.

MENDONÇA, Jeniffer. Negros são 84% das pessoas mortas pelas polícias no Brasil. **Ponte**, 2022. Disponível em: https://ponte.org/negros-sao-84-das-pessoas-mortas-pelas-policias-no-brasil/. Acesso em: 9 de out. 2023.

MOEHLECKE, S. Ação afirmativa: História e debates no Brasil. **Cadernos de Pesquisa**, n. 117, p. 197–217, nov. 2002. Disponível em: https://www.scielo.br/j/cp/a/NcPqxNQ6DmmQ6c8h4ngfMVx/?lang=pt. Acesso em: Acesso em: 10 de out. 2023.

MOURA, Ana. Violências, racismo e sexismo aprofundam

abismo social de negras brasileiras. **Conselho Nacional de Justiça (CNJ)**, 2022. Disponível em: https://www.cnj.jus.br/violencias-racismo e-sexismo-aprofundam-abismo--social-de-negras-brasileiras/. Acesso em: 10 de out. 2023.

NASCIMENTO, Abdias. *O genocídio do negro brasileiro*. São Paulo: Editora Perspectiva, 2016. p. 123.

NASCIMENTO, Abdias. *O quilombismo: documentos de uma militância Pan-Africanista*. São Paulo: Editora Perspectiva. p. 122.

NASCIMENTO, Abdias. PL 1332/1983. **Projeto de Lei, Câmara de deputados**, 1983. Disponível em: https://www.camara.leg.br/proposicoesWeb/fichadetramitacao?idProposicao=190742. Acesso em: 18 de out. 2023.

O que é racismo religioso e como ele afeta a população negra. **Conectas Direitos Humanos**, 2022. Disponível em: https://www.conectas.org/noticias/o-que-e-racismo-religioso-e-como-ele-afeta-a-populacao-negra/. Acesso em: 10 de out. 2023.

PESQUISA lei de cotas. Avaliação das políticas de ação afirmativa no ensino superior no Brasil: resultados e desafios futuros. Disponível em: https://pesquisaleidecotas.org.br/wp-content/uploads/2022/07/resumoexecutivo_OK.pdf. Acesso em: 18 de out. 2023.

PITA, Federico. Francia Márquez: "Queremos uma Cumbre Global sobre Reparaciones Históricas que uma África, América Latina y el Caribe, y toda la diáspora". **Página 12**, 2022. Disponível em: https://www.pagina12.com.ar/503113-francia-marquez-queremos-una-cumbre-global-sobre-reparacione. Acesso em: 10 de out. 2023.

PLATAFORMA Justa. Justiça e Guerra às Drogas: Episódio 1. YouTube, 2021. Disponível em: https://www.youtube.com/watch?v=PjN8aC-v4RI. Acesso em: 9 de out. 2023.

PONTE Jornalismo. Justiça e Guerra às Drogas: A guerra às drogas é uma guerra aos pobres. Youtube, 2022. Disponível em: https://www.youtube.com/watch?v=qXNzV9WS1us. Acesso em: 9 de out. 2023.

RACISMO à brasileira. Gênero e número. Disponível em: https://racismo.generonumero.media/. Acesso em: 9 de out. 2023.

RAMOS, Beatriz Drague. Indígena Pankararu está há dois anos preso após ser reconhecido pelo 'olhar'. **Ponte**, 2021. Disponível em: https://ponte.org/indigena-pankararu-esta-ha-dois-anos-preso-apos-ser-reconhecido-pelo-olhar/. Acesso em: 9 de out. 2023.

ROSEMBERG, Fúlvia; PIZA, Edith. Analfabetismo, gênero e raça no Brasil. **Revista USP**, São Paulo. Disponível em: https://www.revistas.usp.br/revusp/article/download/28368/30226/33025. Acesso em: 9 de out. 2023.

SANTOS, Helio (Org.). *A Resistência Negra ao Projeto de Exclusão Racial: Brasil 200 anos*. São Paulo: Editora Jandaíra, 2022. p. 296-304.

SARDINHA, Edson. Projeto "Quilombo nos parlamentos" elege 26 deputados. **Congresso em Foco**, 2022. Disponível em: https://congressoemfoco.uol.com.br/area/congresso-nacional/projeto-quilombo-nos-parlamentos-elege-26-deputados/. Acesso em: 9 de out. 2023.

SCHWARCZ, Lilia. Lili entrevista: Lia Vainer Schucman. YouTube, 2021. Disponível em: https://www.youtube.com/

watch?v=knHrQcvBMkY. Acesso em: 6 de out. 2023.

SESC. Mulheres brasileiras e Gênero nos espaços público e privado. Pesquisa de opinião pública, **Fundação Perseu Abramo**, 2010. Disponível em: https://fpabramo.org.br/publicacoes/wp-content/uploads/sites/5/2017/05/pesquisaintegra_0.pdf. Acesso em: 10 de out. 2023.

SILVA, Caio V. S. Cotistas na UFBA: o que revela o desempenho acadêmico?. **Nexo Políticas Públicas**, 2023. Disponível em: https://pp.nexojornal.com.br/opiniao/2022/Cotistas-na-UFBA-o-que-revela-o-desempenho-acad%-C3%AAmico. Acesso em: 10 out. 2023.

SILVA, Vitória Régia da. Terreiros na mira. Gênero Número, 2019. Disponível em: https://www.generonumero.media/reportagens/terreiros-na-mira/#index_7. Acesso em: 10 de out. 2023.

STABILE, Arthur. Juíza dá pena de 14 anos a homem negro 'em razão da sua raça'. **Ponte**, 2020. Disponível em: https://ponte.org/juiza-condena-homem-negro-em-razao-da-sua--raca-por-roubo/. Acesso em: 9 de out. 2023.

TOKARNIA, Mariana. Lei de cotas ajuda a reduzir desigualdades, diz universidade americana. **Agência Brasil**, 2022. Disponível em: https://agenciabrasil.ebc.com.br/educacao/noticia/2022-04/lei-de-cotas-ajuda-reduzir-desigualdades-diz-universidade-americana. Acesso em: 10 de out. 2023.

TVE Espírito Santo. Aula popular com Sueli Carneiro. YouTube, 2022. Disponível em: https://www.youtube.com/watch?v=7KzfPqLrNTE&t=3294s. Acesso em: 9 de out. 2023.

VASCONCELOS, Caê. Ailton e Guilherme, presos após reconhecimento por foto: 'A aparência foi o que fez a gente ficar lá'. **Ponte**, 2021. Disponível em: https://ponte.org/ailton-e-guilherme-presos-apos-reconhecimento-por-foto-a-aparencia-foi-o-que-fez-a-gente-ficar-la/. Acesso em: 9 de out. 2023.

VILLELA, Pedro Rafael. Mulheres negras são 65% das trabalhadoras domésticas no país. **Agência Brasil**, Brasília, 2022. Disponível em: https://agenciabrasil.ebc.com.br/geral/noticia/2022-04/mulheres-negras-sao-65-das-trabalhadoras-domesticas-no-pais. Acesso em: 10 de out. 2023.

Conheça os demais livros da Coleção QoT.

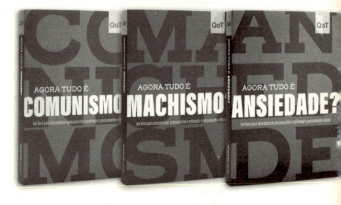

Primeira edição (novembro/2023)
Papel de miolo Lux cream 70g
Tipografias Henderson slab e Mrs Eaves XL Serif
Gráfica Santa Marta